别让不好意思害了你

改变世界
先改变自己

龙湘涛 编著

吉林出版集团股份有限公司

图书在版编目（CIP）数据

别让不好意思害了你 / 龙湘涛编著. —长春 : 吉
林出版集团有限责任公司，2014.12
ISBN 978-7-5534-5958-5

Ⅰ.①别… Ⅱ.①龙… Ⅲ.①心理交往—通俗读物
Ⅳ.①C912.1-49

中国版本图书馆CIP数据核字（2014）第260290号

别让不好意思害了你

编　著	龙湘涛	
策划编辑	李异鸣　高雅哲	
特约编辑	赵　越	
责任编辑	王　平　齐　琳	
封面设计	华夏视觉	
开　本	787mm×1092mm　1/16	
字　数	165千字	
印　张	11.5	
版　次	2015年3月第1版	
印　次	2019年9月第2次印刷	

出　版	吉林出版集团股份有限公司
电　话	总编办：010-63109269
	发行部：010-81282844
印　刷	廊坊市祥丰印刷有限公司

ISBN 978-7-5534-5958-5　　　　　定价：45.00元

·目/录·

第一章　不好意思背后隐藏的心理暗示

第二章　诱发不好意思的因素

第三章　利用对方眼光重组心灵装置

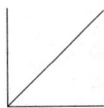

第一章

不好意思背后隐藏的
心理暗示

1.直面心灵

不好意思源于对心灵的背弃

我们之所以觉得不好意思，是因为我们常常用他人的目光在看待自己，思考自身的问题。我们希望自己在别人眼中是完美无瑕的。这就与我们自身产生了矛盾。我们每个人心里都很清楚，自己不是完美无瑕的，或多或少，或大或小，我们的身上总会存在一些缺点和毛病。但奇怪的是，人们总是无法接受自己和别人身上的瑕疵，总是喜欢挑剔。人们希望自己是完美无瑕的那个愿望过于强烈，可惜瑕疵又不会凭空消失，于是只好拼命掩盖。这种拼命掩盖的行为无非带来两种结果：一种是过于自责及自卑，一种是恼羞成怒。归根结底，这两种结果都是"他人的目光"和自身的需求发生矛盾冲突，导致不好意思的心理在作祟。

举个例子来说。在晚清慈禧太后专政的年代里，有一位比较有名的总管太监小德张，此人乃河北青县人。在小德张十二岁的时候，一天，家乡的大财主坐着一辆华丽的双套大马车正要出行，小德张在旁边无比艳羡地看呆了，以致忘记躲开，给大车让路，于是招来赶车人的嘲笑："你既然这样爱大车，光看人家的没有用，有本事自己也买一辆……"在众人的哄笑声中，小德张的自尊心受到了严重的打击和刺激。他回到村里，四处问人："我怎样才能发财，也能买一辆大套车？"有人跟他说："要想发财还不容易，只要舍得把那话割掉，当太监，不要说买辆大车，每天还能陪龙伴驾哩！"这原本是句玩笑话，小德张却听进了心里，一狠心，亲手将自己给阉割了。养好伤之后，小德张被送到慎刑司学习宫中的规矩、礼仪，不久就被送入宫中当差。在宫中，由于容貌清秀，聪明乖巧，善于逢迎，他不久便在西太后的宫中当上了小太监，取名张兰德，从此一帆风顺，平步青云，先后成了慈禧太后和隆裕太后的心腹，地位仅次于李莲英。

这时候的小德张，已是家资巨万，富比王侯，可以说是要风得风要雨得雨了，别说是区区一辆大车，就算是用大车把家乡的路排满，恐怕也不在话下。按说他童年时期遭受嘲笑伤了自尊的心理阴影，此时应该早就消弭了。可是，随着年龄的增大，小德张却表现出另外的一些异常，即热衷于娶妻。他在出宫前，就娶过一房妻子，妻子早逝后，又纳过两个妾，但她们都因不堪受虐而先后自尽。小德张出宫后，又在天津某妓院以重金购得雏妓一名，娶回家为妻。

一位太监，为何要三番五次地娶妻呢？除了野史上提到的小德张净身不彻底，留了些根蒂，致使他重新有了对女人的欲望之外，恐怕也离不开一个深层的心理因素，即无法接受在别人眼中，自己是一个身体上有残缺的人、不是一个纯粹的男人的现实，感到不好意思，以致恼羞成怒，导致心理扭曲，所以要通过娶妻的行为来证明他也拥有男人的能力。那么，他的两个妾是如何受虐自尽的，也可想而知了。

其实，早在童年时期，我们就能看出小德张已经在受到不好意思心理的控制了。看到大财主的马车，遭受讽刺与嘲笑，令他感到自尊受损，从此，"不好意思"的感情控制着他，使他觉得非要比那个大财主更有钱，才能挣回面子，赢回自尊。为此，他明知道自己可能会终生让人看不起，却还是痛下狠手，让自己变成了阉人，彻底改变了自己的命运。

可是，当他得到了财富之后，弥补了财富上欠缺的不好意思心理，却又被另一种不好意思控制，即作为男性能力的缺失。这才有了他违背常理的娶妻行为。

当然，这是比较极端的例子。在普通人身上，其实也存在着这个问题，只不过程度不同、处理方式不同、结果不同罢了。

一旦瑕疵暴露，人们就会不由自主地感到不好意思。我们对自己身上存在着瑕疵感到不好意思，也为自己的掩盖行为感到不好意思，我们的心不是在为了塑造"完美"的自己而忙碌着，就是在为不好意思而尴尬着、自责着。渐渐的，我们变得越来越被动，将心底真实的声音放在角落里，冷落它，背弃它，让它蒙尘，让它失声，直到有一天，我们再也找不到它。

因此，想要解决"不好意思"的问题，就要从根源着手，即拒绝被"他人的目光"控制，转而跟着自己的心走。

学会跟着心走

什么是跟着心走？就是按照内心的真实想法行事，追求自己真正所需。下面这个故事相信大家都听过：

一位富翁喝着可乐，躺在沙滩椅上惬意地晒太阳，离他不远的地方，一位乞丐也喝着可乐，躺在沙滩上晒太阳。富翁好奇地问乞丐："天气这么好，你为什么不去乞讨呢？"乞丐反问富翁："我为什么要去乞讨？"富翁答："乞讨是你的工作啊，你难道不应该趁着好时光抓紧时间多乞讨一点钱，然后做点小生意，再把小生意做成大生意，变成我这样的富翁，到时候再来享受？"乞丐没有回答富翁，反而又问了他一个问题："尊敬的朋友，你现在在干嘛？""我在晒太阳啊！"富翁答道。乞丐问："那么我呢？"富翁脱口而出："你也在晒太阳啊！"乞丐耸耸肩，回道："这不就行了，你奋斗了那么多年，是为了躺在这晒太阳，我现在就在晒太阳，为什么要费那么多事呢？"

这则故事中的乞丐，便是典型的跟着心走的人。他知道自己需要什么，想过什么样的生活，就直接过上了什么样的生活，而不是受"他人的目光"影响，以他人的标准评判自身的成功，像富翁那样，大费周章、辛苦半生才能过上自己喜欢的生活。

有人说，这个浅显的道理，我懂。我也相信你懂。但是，你敢于去做吗？敢于去认真聆听自己内心的声音，然后听从那个声音的召唤，按照它的指示去行动吗？我想，有很大一部分人都无法气壮山河地回答说：我敢！

打比方说，一位三十岁的女子（现实生活中有很多这样的女子），与男友谈着不咸不淡的恋爱，对方不提结婚，她也不提，但心里开始着急。她心知，她与对方都不太想结婚，他们不是对方的理性伴侣，甚至谈不上是爱对方，而仅仅是经人介绍，觉得彼此的条件都"合适"。但他们在一起好几年了，彼此又没有"备胎"，最重要的是，她成了世人眼中的"剩女"。周围的人，不管是亲朋好友还是毫不相干的熟人，都开始用怪异的眼光看她。在这种灼灼目光下，不好意思简直成了家常便饭。为了避免尴尬，她已经尽力少去会见亲友了，跟陌生人打交道也不敢随便说出自己的单身身份。

在世俗的压力下，她认识到自己应该结婚了——就算是男友并不是她的理想伴侣——但她不好意思开口先提结婚的事。而她内心的真实想法其实是：这个男人不适合她，她不甘心就这样跟这个人不咸不淡地过一辈子，她想追求自己想要的爱情，还原生命的激情。同时她也知道，如果此时她提出分手，恐怕来自外界的压力会更大。大家会觉得她是疯了，不知天高地厚，认识不到自己已经是"剩菜"一碟，到了这个年龄还敢挑三拣四……

她不敢想下去，最后，她选择了继续煎熬自己，继续谈着不咸不淡的恋爱，因为至少她还有一个关系稳定的男朋友，大家不至于认为她没人要。

这位姑娘如果不做出改变，挣脱不好意思的心理束缚，她的人生结局是可想而知的——不是一直停留在目前的状态，就是走进一段差强人意的婚姻中，总之，都不是她想要的结果。让我们来假设一下，如果她换一种处理方法，勇敢一点，按照自己的心意行事，会怎么样。假如，她与现任男朋友分手，我们可以想到的最好的结局是：她找到了真正与自己相爱的人，获得了美好的爱情，最终收获了美满的婚姻。而最坏的结局是：她离开了一个自己不爱、也不爱自己的人，最终也没有找到那个与她真心相爱的人，但至少她尝试过，努力过，不会带着遗憾浑浑噩噩过一生。可以说，不管怎么样，她的境遇都不会比现在更糟糕。

这只是一个方面的例子，生活中，很多事都值得以此为鉴。

用最坏的结果去赌最好的结局，我们需要战胜的只是自己——克服不好意思的心理，勇敢听从内心的渴望。如果你还在受不好意思心理的控制，不妨安静下来，认真面对自己，聆听自己的心，听听她在想什么，她需要什么，拿出与"他人的目光"对抗的勇气，为自己活一次。毕竟，相比满足别人的评判，满足自己的心意要实际得多。

2. 心理传导——父辈和子女

并非所有的经验都值得借鉴

不好意思的背后，很大程度上是心理在作怪，且这种心理通常来自于我们的父辈。在代代相传的过程中，我们不仅从父辈那里传承了物质，同时也传承了精神层面的东西，包括心理。

作为人生中的老前辈，父辈总喜欢拿自己的人生经验来教育和劝诫子女。当然，他们的出发点是毋庸置疑的，都是为了子女好，想帮助子女避开弯路，不犯当年他们犯过的错误。客观地说，父辈的许多经验，对子女来说，都有其重要的意义，也的确在不同程度上帮助子女避免或解决了很多问题。不过，同时我们应该看到，并非所有来自父辈的经验都值得借鉴，有一些经验，如果不仔细分辨、客观地看待，而是盲目遵从的话，很可能反而会因此绕弯子。

一些在心理上的不好意思感，便是其中之一。比如，人情往来方面的面子问题，为人处世的过度恭谦，意识不到也不懂得如何拒绝他人，等等。这些已经过时的却并没有被摒除掉的"人生经验"，会在无形中通过心理传导由父辈传导给子女。由于父辈对于子女具有绝对的或很大程度的权威性，许多子女几乎会不加辨别地从心理上悉数接受了这些"人生经验"，甚至将糟粕当作精华，将错误的经验奉为"圣旨"。

心理传导是一种无形的、却不容忽视的力量，并且常常与舆论并行，对人的观念进行内外夹击，令人防不胜防。在这样的传导模式下，某些行为或观念对于父辈来说是不好意思的，他们在与我们相处的过程中，将这种心理直接或间接地传给了我们，于是我们未经判断，便接受了这种不好意思的心理，就像我们别无选择地遗传了来自父辈的缺点一样。

有这样一个寓言故事：一对好朋友，一个叫谦让，一个叫贪欲。他们约好一起去天堂，但路途比较远，于是他们带了足量的干粮在路上吃。开始的时候，为了体现无私的友情，谦让和贪欲你推我让，都不吃干粮。这样很耽误时间，贪欲开始想，既然你不吃，那我吃吧！于是，他不客气地吃掉了谦让的干粮。没想到，贪欲一吃不可收拾，顿时胃口大开，收不住了；而谦让为了体现他的肚量，即使饿得走不动了，还是将自己的事物让给贪欲吃。结构，谦让饥肠辘辘，贪欲却撑得弯不下腰。

两个人终于到了天堂，却同时被拦在了天堂门外。贪欲问道：为什么不让我们进去？天使回答他说：因为你太贪，把朋友的干粮都吃了。贪欲争辩道：那是他自愿给我的呀！天使坚守原则，说：就算是人家自愿给你，你还是没有从对方的角度考虑，这样的人是不能进天堂的！

轮到谦让了，他问：那么我呢？为了让贪欲吃饱，我都快饿死了。没想到天使说：你比贪欲更没资格进天堂。谦让一脸疑惑。天使解释道：一味地谦让，把自己饿得半死，绝不是美德。你把天堂当成剧场，把上帝当成观众了。

毫无疑问，这则寓言批判的是过度谦让的行为。在很多人的身上，都不乏这种行为，尤其是以谦虚为传统美德的我国人民。

我们从小接受的就是谦虚教育，这种谦虚教育不仅仅体现在口头的叮嘱和书面的教化上，更重要的是，它从心理上影响着我们，进而影响到我们的行为模式。比如，父辈们认为承认自己的优点是不谦虚的行为，他们将这种心理传导给子女，从而令子女也认为承认自己的优点是不谦虚的行为，于是拼命去否定、去掩盖，恨不得把自己身上的优点扔得远远的才好。就算有些不那么谦虚的人，也会受这种心理压力而不得不装出谦虚的样子来。

可是，现代社会竞争何其大，加上西方思维模式的融入，越来越多的人开始表现出积极展现自己的"不谦虚"行为，如果还受到传统思维模式的影响，继续保持不好意思展现自我的心理，那么就只有慢慢排队了，等别人都将机会拿走了，你再去捡些残羹冷炙，就着不好意思的扭扭捏捏，打发饥肠辘辘的人生。如果，如果你甘愿接受这样的人生的话。

挣脱心理传导的束缚

当然，大部分人肯定是不愿意眼睁睁看着机会被别人抢走的。但是，让他们像别人那样去争夺机会，他们又会觉得不好意思。多难看哪，多尴尬哪，多违背父辈的教诲哪！

这种心理真的十分可怕，以至于让人们忘记了毛遂自荐其实也是一种美德。

早在战国时期，秦赵交战，秦胜而赵败。赵国都城邯郸被秦军主将白起率军包围，赵国形势危急。赵王派平原君赵胜去楚国求兵解围。平原君要用门客中挑选20个文武全才同去，无奈挑来挑去差一人。平原君犯愁之际，一个叫毛遂的人前来自我推荐："听说先生将要带二十个人去楚国求援，现在还少一个人，希望先生把我算上，凑足人数出发吧！"平原君问道："先生来到我门下几年了？"毛遂答："三年。"平原君有些犹豫地说："贤能的人处在世界上，就好比锥子处在囊中，它的尖梢立即就要显现出来。如今，处在我门下已经三年了，我却没有听到旁人对你的称赞，是因为你没有什么才能。所以你不能跟我一起去，还是留下吧！"被平原君拒绝，毛遂却并不气馁，接着说："我不过今天才请求进到囊中罢了。要是我早就处在囊中的话，就会像锥子那样，整个锋芒都会露出来，而不仅是尖梢露出来。"平原君无话可答，只好带着毛遂一道前往楚国，心想，反正有其他十九个门客在了，这一个有没有才能倒也问题不大。

到了楚国，楚王磨磨唧唧地跟平原君谈了半天，既不答应，也不拒绝。平原君心里万分焦急，却是奈何不得，怕得罪了楚王导致求援无望，只好硬着头皮陪着笑脸。这时，等在殿下的毛遂突然大步跨走上台阶，远远地冲着楚王大叫起来："出兵的事，非利即害，非害即利，简单明了，为何谈了半天都没有结果？"楚王当即大怒，心想，你区区一个门口，敢对我一国之君大喊大叫，于是大声喝道："赶紧退下！我和你主人说话，有你说话的份吗？"谁知道这个毛遂根本不害怕，反而凭借他的勇猛令楚王听他分析了出兵援赵给楚国带来的利益。毛遂的一番话让楚王心悦诚服，楚王当即答应出兵援赵。就这样，秦军不得已从邯郸城外撤退了。从此毛遂不但被平原君奉为上宾，还名载中华史册，"毛遂自荐"由此诞生，用来比喻不经别人介绍，自我推荐担任某一项工作。

毛遂自荐是突破心理束缚、打破心理常规的一个典型案例。在平原君的众多门客当中，毛遂不见得就是最有才能的一位，在去楚国之前，他甚至是名不见经传的无名小卒。假如没有那一次邯郸被困的危机，假如没有他勇敢地走上前自我推荐，我们不难想象，在门客众多的平原君心中，他是多么微不足道的一个角色，甚至不被平原君所知晓。在平原君的门下，这样身有所长又默默无闻的角色肯定不止毛遂一人，在他们当中，肯定也不乏渴望被平原君选中同去楚国展示自己才能的人。但是，却恰恰只有毛遂克服了不好意思的心理，从众生中走了出来，让自己的才能得以展现。

可见，仅仅具备才能是远远不够的，最重要的是，当机会来临时，善于克服心理上的不好意思，大大方方地伸手抓住机会，否则，很可能与稍纵即逝的机会失之交臂。到那时候，兀自叹息悔恨又有什么用呢？

3. 自卑与过于自尊

自卑与过于自尊都是不好意思的根源

对于自卑，可能很多人都不会感到陌生。在我们的人生经历当中，多多少少会经历过这种情绪，只是程度轻重不同、时间长短不一及具体表现形式各异罢了。

自卑到底是什么呢？顾名思义，自卑就是低估自己的能力，觉得自己不如他人，在心理情绪方面，会有害羞、不安、内疚、忧郁、失望等表现。可以说，自卑是一种性格上的缺陷。它一般是由某种生理或心理上的缺陷或其他原因所产生的对自我认识的态度所引发的一种情绪体验。有自卑情绪的人，一般会轻视自己，对自己的无能感到不好意思，同时也担心无法获得他人的尊重，从而忧心忡忡，敏感多疑。

我国三国时期的一代奸雄曹操，胸有气吞万里之志，身怀定国安邦之才，表面上看起来什么事都敢做（例如，挟天子以令诸侯），什么人都不怕，然而他的内心却有很强的自卑和多疑情绪，他杀吕伯奢、杀华佗都是典型的例子。曹操自卑，据说是因为他不太光彩的身世。曹操的父亲是太监曹腾的养子，比起袁绍家族的权倾朝野，名震天下，曹操的身世实在是令人尴尬，也让他在袁绍等人面前平白地矮了三分。不管他对自己的身世如何设法隐瞒，也不管他如何装作不在乎，或者他已经取得了怎样的事业成就，在当时十分讲究家庭和出身背景的大环境下，他还是无法逃脱世俗眼光的审视。尤其是在面对袁绍等同级竞争者的时候，他始终觉得抬不起头，觉得自己无时无刻不在遭受着来自同僚的嘲笑和鄙夷。最具有代表性的例子是，曹袁对阵的时候，陈琳为袁绍作讨曹檄文，刻意揪住曹操不光彩的家世不放，此时曹操正因头风病卧床，读到这篇檄文，居然悚然汗出，一跃而起，可见这篇檄文是真正戳到了他的痛处。

在人类医学发展史上，也不乏因自卑人物。1951年，英国人弗兰克林通过自己拍摄的十分清晰的DNA的X射线衍射照片上，发现了DNA的螺旋结构，为此，他还举行了一次报告会。可惜的是，弗兰克林生性自卑多疑，对自己的发现不但没有充满信心地继续研究下去，还总是怀疑自己论点的可靠性，不相信自己能够有如此伟大的发现和设想，在自我怀疑中，他竟然放弃了先前的假说。两年之后，霍森和克里克也从照片上发现了DNA分子结构，他们抓住机会，继续研究，大胆地提出了DNA的双螺旋结构的假说。正是这一假说的提出，开启了人类生物时代，他们也因此获得1962年度的诺贝尔医学奖。而弗兰克林却只能与这伟大的发现失之交臂。

曹操因为身世感到自卑，导致性格变得暴戾、多疑，弗兰克林因为不相信自己的能力，遗憾地与伟大成就擦肩而过。看似不起眼的情绪，其实潜藏着巨大的负能量，一不小心，就会影响人的一生，甚至改写人类的历史。可见，自卑是绝对不容小觑的问题。

那么，人为什么会感到自卑呢？

要弄明白这个问题，得先了解一下自尊。自尊是一个人在自我评价的基础上产生和形成的一种自重、自爱、自我尊重，并要求受到他人、集体和社会尊重的情感体验。自尊有强弱之分，过强则成虚荣心，过弱则变成自卑。

自卑的根源正是自尊心过弱，即对自己缺乏客观的评价，对自己的能力认识不足，以为自己不如他人，从而在内心感到不安、忧郁，对自己感到失望，对养育我们的人感到内疚，在人际交往中缺乏自信，做什么事、说什么话都感到不好意思，担心出错，担心惹人笑话，根本无法充分地展现自己的真实能力。

自卑与过于自尊，恰好是自尊往不同的方向过度倾斜的表现。如果说自卑是表现为不好意思展现自我，过于自尊则表现为过度渴望展现自我，甚至不惜夸大自我，以求获得别人的肯定与夸赞，进而满足受到他人、集体和社会尊重的情感要求，最终达到自我满足。

虽然自卑和过度自尊在表现上可能截然相反，但归根结底，他们都是引发不好意思的根源。自卑会令人产生羞怯心理，使人在面对人和事的时候容易感到不好意思。而过度自尊则太过在乎自己在别人眼中的形象，过于在乎面子，以致稍微受到一点负面的评价，就觉得面子受损，自尊受伤，从而感到不好意思，或引发更严重的情绪。

所以，想要避免不好意思的心理，首先得从源头着手，即改变自卑或过度自尊的心态，客观地看待和评价自己。

如何克服自卑心理

生活中自卑的人不难见到，甚至我们自己身上也经常会出现自卑情绪。当一个人感到自卑，就会不敢大声说话，尽量在人群中"隐形"，独自缩在小角落里，默默地关注着他人。如果你觉得他们仅仅是满足于缩在自己的世界里观看别人的精彩，那你就错了。不管是多么自卑的人，内心仍然具有对自尊的要求，即渴望得到别人的关注和肯定。只不过，他们不会用自然而大方的姿态去表达自己这种正当的需求，而是别别扭扭的、悄然地在内心渴望。正因为如此，他们对不好意思的情绪体验才更加深刻，反过来，不好意思的情绪对他们的控制也更加牢固。

这是一种恶性循环，危害不小。在心理上，自卑会导致人情绪消沉，因害怕别人看不起自己而不愿与人来往，孤独自闭，甚至自疚、自责；在事业上，自卑的人往往缺乏自信，优柔寡断，缺乏竞争意识和抓住机会的能力，自然也难以享受到成功的欢愉。

想要摆脱这种恶心循环，就必须克服自卑心理。虽然自卑有点像是与生俱来的心理缺陷，却并非不可克服的，只要掌握一些方法。

首先，要学会正确认识自己。

每个人都有长处和短处，自卑的人往往只看到自己的短处，不了解自己的长处，这其实是对自己的一种错误认识。纠正这个问题的方法很简单，就是学会从多角度看待和评价自己，既要坦然面对自己的短处，也要充分肯定自己的长处。做到了这一点，再去扬长避短地调整自己，让自己变得更优秀，更值得自己和他人肯定，自卑自然而然就会远去了。

其次，学会自我鼓励。

在做一件事之前，要暗示自己、坚信自己能做好，用表扬与肯定的方法为自己聚集正能量，树立自信心。这些正能量会在无形中发挥作用，把人的状态调整到最好，自然能取得不错的效果。好的效果会使自己受到鼓舞，增强自信心，从而形成一个良性循环。

第三，正确对待成败。

自我鼓励是成功的前提，却不是成功的保证，人的一生中，遇到困难在所难免，最重要的是能够坦然接受。虽然我们不主张为自己的失败推卸责任，但也不赞同将所有的失败都归咎于自己能力的不足。如果能够冷静下来，客观地分析失败的原因，就不会妄自菲薄，沉溺在自责和自我否定中无法重新站起来。

第四，学会对比。

自卑的人喜欢与别人比较，而且喜欢拿自己的短处去比别人的长处，结果可想而知。正确的对比方法是选择与自己各方面相类似的人、事比较，扬长避短地激励自己。例如著名的古希腊的思想家、哲学家，教育家苏格拉底，天生其貌不扬，只好在思想上痛下功夫，最后，他没能让自己的外貌变得更英俊潇洒，却使自己的精神在哲学领域大放异彩，流芳千古。

自卑就如泥潭，越是深陷其中越难自救，一旦发现自己有自卑情绪，就要行动起来，及时自拔。但需要注意的是，任何事都是过犹不及，即使是自尊。改变自卑不代表要走向另一个极端，即过度自尊，肤浅的面子问题弥补不了自卑的心灵空洞，在哪里倾斜的天平还得在哪里重新平衡。

4. 不好意思与自尊的渊源

　　不好意思的动因其一是面子问题，准确地说是人们常常误将面子当做自尊，事实上面子和自尊并不是一回事，面子是虚的名称，你在乎它就存在，你不在乎它就不存在。然而自尊是人人都存在的特定心理，没有人真的能够放弃自尊。当人们将面子和自尊混淆，会导致盲目地将维护面子的行为当做维护自尊，从而被错误的目的误导了。

　　面子和自尊有一定的关系，适当地维护面子对保持自尊有一定的作用。而导致人不好意思是对面子过于看重，特别是充满炫耀权力的欲望时，人们会更多地感到不好意思，但并不一定会感到自尊受伤。只有当过于弱小的对手打败了自己，人们才会感到自尊受到伤害，而非仅仅丢了面子。所以，自尊事大，而面子事小。

　　人人喜欢别人夸自己有本事，这种炫耀的心理很明显并不是在维护自尊，而是维护表面的虚荣，即面子。可见，二者没有必然的联系，但是对于那些虚荣的人，总是把面子当做自尊的人，就很容易受伤。

　　历史上有名澶渊之盟，使宋真宗深切地感到他的自尊心受到了极大的伤害，他在对手面前感到自卑。于是，他一口气把"五岳"都封禅了，以此来维护他的面子。当我们的自尊受到巨大的伤害时，我们才会产生强烈的维护自尊的行为。而我们常常把这种维护自尊的行为等同于维护面子。因为在内在人们是看不到的，只能看到外在。

《阿Q正传》中阿Q乃屁民的一个典型，他在赵老爷面前唯唯诺诺、自卑得很，但是他被打之后，总是用"老子打儿子"来努力维持可怜的自尊。

人人都是有自尊的，无论如何都放不下自尊。而被老爷打是可以的，虽然丢面子毕竟身份摆在那里。

在心理学上著名的"羊群效应"正是导致好面子的一个重要因素。羊群效应是一种从众的盲目心理，人们追求什么，自己也要有，否则就是落伍，就会丢人。现代职场上流行的"名校效应"正是羊群效应的一个典型案例。而人们却打着："为了孩子好"的旗号，大张旗鼓地为孩子张罗。其实羊群效应正是家长为了挤入大流，以至自己不被其他家长笑话所为。

维护面子，维护自尊要有一定的辨识能力，任何时候不能放弃自己的原则，否则很容易随大流。所谓的原则如何掌握呢？心理学上有个简单的归一方式，就是：你需要的就做，不需要的就不做。能产生愉悦的有余力就做，没有余力就不做。人人有自己的需求，根据自己的需求来进行定制是最理智的行为，可以避免盲目。并且，有了一定的目的，在行为时也很难被其他人误导。

我们的行为常常会受到地缘环境的影响，很难真正地控制自己的欲望，毕竟羊群效应是群体存在即存在的，任何人都难免犯错。如何艺术地维护自尊就成了问题。

艺术地维护自尊

一个能退能进的人，不容易陷入僵局，对待自尊和面子，也是如此。"死要面子活受罪"，我们早已认识到太好面子的危害，小到家庭婚丧嫁娶大操大办，事后生活拮据，甚至举债度日；大到一个企业，如香港的八佰伴，为了给企业脸上贴金，不顾现实盲目扩张，最后陷入困境。但我们也不能全盘否定面子的作用，毕竟适度地讲些面子还是有好处的。适当给别人留面子是尊重他人的表现，也是人际关系的润滑剂。

马斯洛的需要层次理论来解释，他最初将人的需要分为五个层次，生理的需要，安全的需要，爱和归属的需要，尊重的需要，自我实现的需要，分别从下到上呈金字塔式排列，后来他又增加了审美的需要等。但是可以看出面子可以对应需要中的安全的需要，一些人的爱面子，讲究面子的行为，归根是为了让别人不那么容易摸清自己的情况，起到保护自己的目的。另外，还是一种尊重的需要，这是人际交往中最基本也是最重要的原则，讲究面子的行为，无非就是希望得到别人的尊重。

艺术地讲面子，坚持自己的原则，不被大众牵着鼻子走。我们看那些被牵着鼻子走的人，自己不想走，又不得不走。为什么会这样？他们的主要理由就是"要争一口气！"为了这口气，为了这个面子，人们可能会迷失人生的方向，卷入了痛苦的漩涡，那要这个面子又有何用？万一被面子所俘虏，人们的心智就麻木了。不知道自己忙忙碌碌一辈子，到底想要的是什么？

面子是随时可以放下的道具，而尊严却是永不磨灭的精神，面子是皮，尊严却是骨头，有尊严的人一定有面子，有面子的人未必有尊严。理性看待面子，保持自尊，不要把两者搅合到一起，该捍卫尊严的时候一定要坚持到底，在过度的虚荣面前敢于SAY NO。

5. 不要给心灵划定界限

孤僻是心灵的围墙

在人际交往中，常听人说："我与××不是一类人，话不投机半句多。"诚然，"物以类聚，人以群分"，这话有一定的道理，但正所谓世界上没有完全相同的两片树叶，完全思想相同、心灵相通的人，其实也是不存在的。既然有差别，就有"三观"上的差异，自然也就无法达到完全的默契与交融，"话不投机"的现象就在所难免。如果我们与人交往时，一遇到与自己"三观"不同的人就拒绝交往，或是在交往的过程中遇到"话不投机"的情况就拂袖而去，这样无异于是在给自己的心灵砌上一圈高高的围墙，让心与心之间楚河汉界分得清清楚楚，久而久之，终会孤立无援。

当然，很多人并不承认这一点。在提倡个性的当代社会，很多人理直气壮地将孤僻当作个性，不但意识不到其中的危害，甚至恨不得在自己脸上贴上一张大纸条，上书"我孤僻，我骄傲"几个大字，一次彰显自己的"个性"。

但，这真的是个性吗？还是，人们在为自己的不好意思找借口，将自己的孤僻偷换概念？

林黛玉这个角色相信绝大部分都不会觉得陌生，这个《红楼梦》中的第一女主角，其最显著的特点之一就是性格孤僻。林黛玉自幼丧母，家中又无兄弟姐妹，除了忙于公务的父亲，似乎也没有其他人照顾她、关心她、疼爱她。加之体弱多病，她与外界的接触就更加少了。就这样，林黛玉不知不觉长成了一个孤僻的少女，守着自己那点敏感多疑的心思，一边多愁善感地观察着周围的人和事，一边尖刻地抗拒着这个世界。

　　其实，贾府中不乏真心关爱林黛玉的人，能够与她吟诗作画的也不止贾宝玉一个，甚至比她身世更加可怜的人也大有人在，比如史湘云、妙玉、香菱等人。然而，这些人无一能够走进林黛玉的心里，成为她的知心人。

　　这是为什么？是他们的才华不够与林黛玉对话？还是他们的真诚不足以打动她？其实都不是，真正的原因，还是在林黛玉自身，她从一开始就给自己的心灵砌上了高不可越的城墙，既拒绝了别人，也围困了她自己。

　　偌大一个大观园，别人都在欣赏大好春光，她却独自对着一地落花感怀身世，伤心落泪；潇湘馆内，她不走出去与众姐妹吟诗作对，情愿守着药香顾影自怜。她以她的尖酸刻薄小心翼翼地保护着她的自尊，以她的体弱多病纵容着她的孤僻，令其他人在怜她之余又觉得她高处不胜寒。没有人能走进她的心里，即使是贾宝玉，也常常有无法知晓她内心真实想法的时候，两个人只能常常怄气。最终，在贾府众人的策划之下，林黛玉彻底地失去了贾宝玉，孤独地与那个对她来说毫无温度的世界辞别。看上去，是那个世界抛弃了她，但反过来看，何尝不是她抗拒了整个世界？

　　从林黛玉短暂而悲剧的一生，我们可以看到，孤僻是一道高高的围墙，将自己的心灵与他人的心灵划上分明的界限，将自己的心灵与世隔绝，最终只能与孤独为伴。

打开心门才能活出精彩

二战期间，一位犹太传教士在每天早晨路过一条乡间小道的时候，总是与他见到的所有人打招呼，尽管，当时的当地居民对传教士和犹太人都不太友好，尤其是一位名叫米勒的年轻农民，在开始的一段时间里，对传教士的招呼总是冷脸相向，不予回应。不过，犹太传教士的热情不减，仍旧每天对米勒打招呼，直到有一天，米勒终于脱下帽子，向传教士回应道："早安！"

几年之后，纳粹党上台了，并打算将这位传教士及村里的人送往集中营。纳粹军官通过向左和向右来把人分成两拨，向左的人是死路一条，向右的人可能还有生还的机会。一位年轻的指挥官站在中间负责将所有的人分配到左右两边的队伍中。传教士战战兢兢地走向指挥官，当他与指挥官四目相会时，不由得脱口而出一句话："早安，米勒先生！"指挥官几乎是出于本能地轻声回答道："早安！"然后将指挥棒指向了右边，不动声色地挽救了传道士的性命。

假如，传道士没有之前几年坚持不懈地打招呼，没有敞开心门向每一个人问候，也就无法与米勒相识，更无法将他的心门敲开，那么在生死交界之际，也不会有人对他伸出性命攸关的援手。可见，敞开自己的心，不但能打动别人的心，还能在关键时刻给自己带来巨大的恩惠。

心灵与心灵之间，未必都是热情似火的投入才能让人们形成密不可分的关系，有时候，只要人们彼此之间不设防，心与心的界限自然会消融。

内心孤僻的人，往往并非真的不愿意与人交往，而是不懂得如何与人交往，在与人相处的时候，常常畏手畏脚，感到不好意思，甚至感到羞怯害怕。他们害怕将自己的心敞开后，受到嘲笑，受到鄙夷，遭到否定，受到伤害。为了保护自己，他们选择了关上心门，谨小慎微地守护自己怯懦的内心，为此不得不承受孤独的煎熬。

而敢于打开心门的人，或许会无法避免地受到一些伤害，但与此同时他们也感受到了来自其他心灵的温度，体会到来自他人的友好和关爱，为自己营造一个和谐的人际氛围，也为自己的心灵营造一个温暖的家园。

同时，也只有打开心门，才能真诚地去看待别人的优点，欣赏他人的魅力，在与人交往的过程中不知不觉被别人的优点影响，变得更加优秀。

当然，有人会说，一旦打开心门，就无法确保自己的心灵不受到伤害。其实，这是一个伪命题。伤害的存在和出现，从来就不以是否打开心门为前提，没有任何证据能够证明那些将自己的心死死地封闭的人就不会受到一丝伤害，恰恰相反，在生活中经常出现这样的例子：那些总是自我封闭的人，在遇到伤害时，会更加缺乏抵御能力，受伤会更重，自我痊愈的能力也更弱。而那些"皮实"的人，常常大大咧咧地敞开自己的心门，在他们心中来来去去的人多了，他们反而在无形中学会了分辨真诚的心灵和阴暗的心灵，用自己的一颗真心去吸引更多真诚的心。即使遇到伤害，他们也会在伤害中学会更加智慧地处理问题，更合理地保护自己，使自己变得更加坚强勇敢。综合来看，他们得到的一定比失去的多。

所以，我们需要学会的，往往不是如何往别人的心灵上给予慷慨的施舍，而是学会如何打开心门，让自己的心有机会遇见别人的心。因为，只有打开心门，我们才能驱除内心的孤僻，只有打开心门，我们才能活得精彩。

6. 羊群效应

生活中的羊群效应

科学家们经过观察发现，羊群是一种散乱无序的组织，众多的羊待在一起，总是闹哄哄地左冲右撞。有趣的是，一旦有一只头羊动起来，其他的羊就会不约而同地一哄而上，不管前面是鲜美的青草还是凶恶的狼。人们将这种现象叫作"羊群效应"，用来概括人们经常受到多数人影响，而跟从大众的思想或行为，因此，这种现象也被称为"从众效应"。

羊群效应是不好意思的心理根源之一。由于不可避免的局限性，每个人不可能对任何事情都很有把握，对于那些没有把握的事情，人们为了避免犯错，往往选择"随大流"。一方面是对自己的不自信，不确定答案，只好跟着别人走；另一方面也是因为不敢做出与众不同的行为，以免被孤立。这就造就了人们的从众心理。在这种心理的驱使下，人们容易不加分辨，盲目跟从某种思想或行为，从而导致谬误、陷入骗局或遭到失败。

美国人詹姆斯·瑟伯写过一段十分形象的文字，来描述人的从众行为：

突然，一个人跑了起来。也许是他猛然想起了与情人的约会，现在已经过时很久了。不管他想些什么吧，反正他在大街上跑了起来，向东跑去。另一个人也跑了起来，这可能是个兴致勃勃的报童。第三个人，一个有急事的胖胖的绅士，也小跑起来……十分钟之内，这条大街上所有的人都跑了起来。嘈杂的声音逐渐清晰了，可以听清"大堤"这个词。"决堤了！"这充满恐怖的声音，可能是电车上一位老妇人喊的，或许是一个交通警说的，也可能是一个男孩子说的。没有人知道是谁说的，也没有人知道真正发生了什么事。但是两千多人都突然奔逃起来。"向东！"人群喊叫了起来。东边远离大河，东边安全。"向东去！向东去！"……

这段文字虽然是虚构的，却形象地反映了从众行为。从众行为却并非文学家的凭空捏造，心理学家阿希在1956年做过这样一个实验：他招募了一批实验参与者，都是大学生，将他们分成每组7人的小组，让他们坐成一排。在这7人当中，有6人是事先安排好的实验合作者，只有1人是真的被试身份。实验开始了，研究员每次向大家出示两张卡片，要求组员们对与卡片内容相关的问题进行回答。研究员总是将实验合作者安排在前面回答问题，真的背试排在最后一个回答问题。在第一二次测试中，实验合作者和被试回答的问题都一样，从第三次开始至第十二次答问，6名实验合作者都按事先要求的那样故意说错答案（答题非常简单，排除了智力因素），以此形成一种与事实不符的群体压力，然后趁机此观察被试否发生从众行为。实验结果正如阿希所料：

1. 只有大约四分之一到三分之一的被试保持了独立性，没有发生过从众行为。

2. 所有被试平均从众行为百分比为35%。

3. 大约有15%的被试，从众行为的次数占实验判断次数的75%。

为了探究从众行为的心理根源，阿希在实验后对从众的被试作了访谈，并将访谈结果归纳成从众的三种情况：

1.被试将他人的反应当作参考，发生了观察上的错误，导致知觉歪曲。

2.被试意识到自己所看与所想的与他人不同，但不相信自己比多数人的答案正确，选择了否定自己，发生了判断歪曲。

3.被试明知其他人都错了，却不由自主地跟着错，发生了行为歪曲。

阿希经过分析，将从众行为发生的原因归纳为个体在群体中受到信息上和规范上的压力。

1.信息压力：经验使人们认为，多数人的正确几率比较高，在模棱两可的情况下，人们更容易相信多数人，导致从众。

2.规范压力：群体中的个人因害怕与众不同而被其他成员视为越轨者，被孤立，往往不愿意违背群体标准而选择采取多数人的意见。

从众心理对人的影响是一种客观存在。可能每个人都曾发生过或正发生着从众行为，却不自知。根据心理学家的调查，他们发现，性格内向、自卑的人从众多于外向、自信的人，社会阅历浅的人从众多于社会阅历丰富的人。这个调查结果无疑为人们指明了一个防止羊群效应的方向。

做一只特立独行的羊

当代社会，人人都在标榜个性，往人群中乍一眼看上去，似乎有个性的人真的越来越多：奇装异服，怪异发型，谈吐间充斥着各种网络新词汇。然而，细究一番却不难发现，这些"个性"都只是停留在表面的差异，在内在方面，人们不但没有从思想创意上标新立异，还越发的一哄而上。

比如，当米兰时装周推出了某款衣服，某种颜色，一时间，全世界的人身上都在晃动着那种款式和颜色，没有人去想一想自己是否真的适合这种颜色，没有人愿意"落伍"。再如，网络里一旦出现某个新的网络词汇，一定会在一夜之间被人们争相"传诵"，有的人也不管是否理解了该词的意思，也不管语境场合适不适用该词，总之，从自己嘴里说出来的话里必须要带上这个流行词，否则就"OUT"了。更有甚者，网络里某件事曝光了，人们争相评论，即使并未了解事情的来龙去脉，即使真相还未揭开，大家一定要高谈阔论一番，以显示自己没有与世界脱节。

这些，就是当代社会典型的羊群效应，无数人就像盲从的羊跟着不知道从哪里冒出来的信息胡乱转，得意洋洋地以为自己在追逐时尚，孰不知自己不过是一只盲从的羊。

羊群效应，使人们变得缺乏创造力，看似充满差异的群体中，其实已经丧失了思想上和行为上的独立性。对社会而言，这是阻碍发展的重大因素，对个人而言，是限制个人能力的潜在杀手。当一个人变得人云亦云，不懂得自己去判断，拒绝了自己去探索，抛弃了独自思维的能力，他不过是众多盲目的羊中最普通的一只，永远跟着别人乱转，没有自己的方向，没有自己的目标，也不会被人所赏识。

而那些真正有思想有头脑的人，他们即使外表看起来普普通通，与他人无异，但他们的内心是独立的，他们的思想是独一无二的。他们有清晰的目标，能够独立思考，独立判断，不轻易跟随别人的脚步，不为了维持表面的和谐随意附和他人。在遇到分歧时，他们相信自己的判断，并敢于坚持自己的观点。不管是在什么样的群体中，他们绝不盲从，总是充满勇气，坚持做一只特立独行的"羊"。而也只有这样的人，才会成为社会进步的中坚力量，才会充满个性魅力，被他人发自内心地欣赏和敬佩。

7. 标签的放大效应

标签效应

二战期间，美国心理学家招募了一批行为不良、纪律散漫、不听指挥的新士兵中做了如下实验：让他们每人每月向家人写一封信，信的内容是他们在前线如何遵守纪律、听从指挥、奋勇杀敌、立功受奖。坚持写信半年后，犹如奇迹发生，这些士兵居然在悄悄地向他们心中所描述的"自己"发生转变。心理学家将这种现象称为标签效应。

1972年，任教于斯坦福大学心理学系罗森汉恩博士进行了一个以他的名字命名的实验：实验招募了三女五男共八个人，他们分别是三位心理学家，一位年轻的研究生，一位儿科医生，一位精神病学家，一位画家，以及一位家庭主妇。这八名实验参与者被要求扮演假病人，并来到精神病院告诉医生他们有严重的幻听症状。除了这个症状是捏造的，他们所有的言行完全正常，并且向医生提供除了自己的姓名和职业外的一切真实信息。结果有些令人啼笑皆非，八名实验参与者中的七人被精神科医生诊断为狂躁抑郁症，并被关入精神病医院。之后，八名实验参与者不但行为表现正常，连幻听的症状也没有刻意出现，简言之，他们身上没有任何其他精神病理学上的症状。

然而，却没有一位医护人员识破这些病人是假的。事情还没有完。当假病人要求出院时，由于他们已经被贴上"精神病"的标签，医护人员都认为这些病人"妄想症"加剧，拒绝了他们的请求。精神病院的医务人员甚至发明了一些精神病学上的新术语来描述这些假病人的严重"病情"：假病人与人聊天被视为"交谈行为"，假病人做笔记被认为是一种精神病病情的新发展症状，被命名为"书写行为"。

罗森汉恩实验有力地展现了标签效应的巨大影响，以此类推，我们不难理解这样的行为：课堂上一旦出现异常的声音，老师的目光会首先去搜索那些平时调皮捣蛋的学生；居民区发生盗窃案件，警察会首先盯住那些游手好闲的人；那些被说成是"慈善的人"，对慈善事业的捐献要高出"不慈善的人"。

此外，标签效应的显著效果，在高血压患者身上也有所体现。学者曾对高血压患者和健康人进行了对照研究，他们发现，高血压患者的"生活质量"明显不如健康人，比如，高血压患者经常会出现不适感、不良情绪、思维迟钝、对生活不满意、工作状况不好等状况，尤其在睡眠和记忆力方面，他们表现得明显不如健康人。这些症状，一方面是受疾病影响，但另一方面也是受"标签效应"的影响。高血压是一种慢性疾病，很多患者在确诊之前，并没有意识到他们患病了，他们身上的高血压症状也不明显，患者没有明显的不适感。但是，一旦患者得知自己是高血压病人，就会立即紧张起来，头痛、头涨，甚至手脚麻木、睡眠不良、食欲下降等症状会突然明显起来，在心理上也会变得更加敏感，常常担忧自己的病。这样很容易形成恶性循环。

这就是标签效应的巨大影响力。当然，标签效应会带来负面影响，也会带来正面影响，关键是看我们如何去对待和运用它。用对方法，正确对待，标签效应会为我们所用。如果运用不当，用错误的方法对待它，我们就会成为它的奴隶，被它带着走向恶性循环。

别被"标签"放大了缺点

美国心理学家贝科尔认为："人们一旦被贴上某种标签，就会成为标签所标定的人。"也就是说，一个人一旦被别人下了某种结论，就像商品被贴上了某种标签，他自己就会自觉地做出印象管理，使自己的行为与所贴的标签内容相一致。心理学家们认为，"标签效应"的出现主要是因为"标签"具有定性导向的作用，无论是"好"还是"坏"，它都在影响着个人的"个性意识的自我认同"，使其向"标签"所喻示的方向发展。

当一个学生被老师定义为"差生"，他的学习成绩不但不会进步，反而会越来越差，因为他也对自己的学习能力产生了怀疑，对自己失去了信心，以"差生"的标准暗示自己，甚至纵容自己去做其他"差生"会做的事，比如，上课捣乱，欺负同学，撒谎，等等；当一位员工在老板眼里缺乏某方面能力时，他对自己这一个方面也会失去信心，表现得越来越缺乏能力，即使他本身其实具备这方面的能力；当一个人被认为是内向胆小的，他会越来越不爱说话，不喜欢与人交往，越来越害怕外界的一切；当一个人遭遇了失败，就很容易认为自己是个失败者，在以后遇到失败时，认为是理所当然的，并且不会再对成功报希望……

这些人，都在"标签"的影响下，人为地放大了自己身上的缺点，将微小的缺点和偶然的失败无限放大，使它们掩盖了自己身上的优点，削弱了自信心，直到自己变成真的失败者。我相信，任何人都不愿意这样的事情发生在自己身上。然而，并不是所有的人都知道该怎么预防标签效应的负面影响。接下来，我将给大家一些建议。

其一，经常给自己积极的自我暗示。

积极的自我暗示，其本质就是运用标签效应的正面影响，让自己被正能量包围。例如，平时，你可以选择一些代表优秀的词汇，将它们定义在自己身上，不断暗示自己你具备这些优点，并有意无意地表现出这些优点所具备的特征。久而久之，你就会与这些优点合二为一，它们将成为你身上不可分割的部分。在做某件不太有把握的事情之前，你可以告诉自己，你完全具备处理某件事的能力，这种能力甚至是你的特长。当然，你要充分了解这种能力所具备的相关条件，并将它们像标签一样贴在自己身上。这样，这种能力就会在你的身上得到增长。

其二，丢弃负面标签。

前面我已经举例说过负面标签对我们的影响是多么大，现在，你要做的，不仅仅是避免负面标签被放大，还要做出更决绝的举动，即将这些负面标签丢弃。当然，如果我们能够像扔一袋垃圾那样将身上的缺点和毛病扔掉，事情就再简单不过了。可惜这只能是一个幻想。让我们来尝试一下更实际的方法：否定负面标签存在于自己身上，在任何时候任何情况下记得提醒自己不要表现出相应的负面标签所具备的特征，要表现得就像它们完全不存在你身上一样。渐渐的，这些负面标签的特征就会真的离你越来越远，直到消失。

在初始阶段，这些方法实施起来会让你有些不习惯，这时候尤其需要意志进行控制。你不妨不断地暗示自己，你是一个意志力非常强大的人，只要你想做某件事，想戒除某种行为，或养成某种好习惯，就一定能做到。然后，在这样强大的意志力帮助下，再坚持不懈地重复如上方法，有一天，你会惊讶地发现，你是如此优秀。这时候，说明你已经成功地给自己贴上了积极正面的"标签"，成为了一个自信、向上的人。我唯一想说的就是：恭喜你！

8. 负面情绪的效应

情绪效应

　　情绪，是人类情感中不可或缺的部分，它在人们情感状态的外在表现。在心理学上，情绪也会引起一系列的效应，被人们称为情绪效应，或者情感效应。情绪效应是指一个人的情绪状态可以影响到对某一个人今后的评价。这个概念十分抽象，有些难以理解，让我们用一个具体的例子来解释一下。

　　比如说，你第一天去上班，却迟到了。这时候，你恰好被正在生气的领导看到，于是你的行为让他更加生气，你给他的第一印象也十分糟糕。虽然他没有开除你，但是以后只要看到你，他就忍不住莫名其妙地生气，无法对你有好感，即使你在后来从来没有迟到过，即使你是一位优秀的员工。

　　这就是情绪效应在发挥作用，而且不幸的，是负面作用。

　　古代阿拉伯学者阿维森纳曾做过这样一个实验：他将一胎所生的两只羊羔置于不同的外界环境中生活，一只小羊羔随羊群在水草地快乐地生活，另一只羊羔则被拴在一只狼的跟前。虽然狼够不着小羊羔，但它的存在本身对小羊羔就是一种心理上的威胁，小羊羔无论如何也避免不了惊恐，战战兢兢地生活着，吃不下东西，不久就死了。而另一只羊羔，则有幸地随着羊群快乐地生活下去了。

很显然，对于小羊羔的死，惊恐的情绪发挥了不可忽略的作用。在这种情绪的控制下，小羊羔不仅仅是心理上感到恐惧，在行为上也被恐惧控制着，甚至在身体健康方面，也受到了严重的影响。

另一个例子来自非洲野马。在非洲草原上，野马常受到吸血蝙蝠的侵扰。吸血蝙蝠总是附在马腿上，用锋利的牙齿刺破野马的腿，从马身上吸血。其实吸血蝙蝠所吸的血量对身体健硕的野马来说，根本不足为道。但野马却常常在受到吸血蝙蝠的袭击后死亡，这是为什么呢？原来，在被蝙蝠袭击后，野马靠自己的身体根本够不着蝙蝠，于是不停地蹦跳、狂奔，直到在暴怒中死去。真正让野马死亡的，并不是蝙蝠吸走的那点血，而是野马内心剧烈的情绪反应。

对于人类来说，也是一样的。人在心情不好的状态下，免疫力会下降，行动力会变弱，神经系统也会受到影响。

美国生理学家爱尔马做过这样一个实验：他收集了人们在悲痛、悔恨、生气和心平气和等不同情绪状态下呼出的"气水"。当他把心平气和时呼出的"气水"放入有关化验水中沉淀后，则无杂无色，清澈透明；当他将悲痛时呼出的"气水"用同样的方式处理，则得到了有颜色的物质；当他将生气时呼出的"气水"注射到大白鼠身上，结果大白鼠在几分钟之后就死了。爱尔马由此得出结论：人在生气时呼出的气体具有毒性。这种毒性既然能毒死大白鼠，那么对生气的人本身也是具有危害的。不仅是生气，其实，恐惧、焦虑、抑郁、嫉妒、敌意、冲动等负性情绪，都是破坏性的情感，这些情感如果长期影响我们，会导致我们的身心产生疾病。所以，每个人都应该重视情绪效对自己的影响。

情绪不仅影响着个人的身心健康，实际上，在人与人之间的交往中，在第一印象形成的过程中，主体的情绪状态也具有十分重要的作用。在人们初次接触时，当时所拥有的喜怒哀乐情绪对于双方关系的建立或是对于彼此的评价，有着不可思议的巨大影响力。当交往主体的情绪处于积极正面的状态时，对与之交往的人的评价会更偏向于好的一面。而当交往主体的情绪处于消极负面的状态时，对与之交往的人的评价就会偏向于不好的一面。更重要的是，这种情绪还会相互传染。主体情绪不正常，也可以导致对方产生不良态度，影响良好人际关系的建立。

避开负面情绪效应的深坑

情绪效应的影响是如此之大，尤其是负面情绪效应，就像一个深坑，给我们带来不可预测的危险。负面情绪效应还是不好意思的成长摇篮，当人们处于负面情绪状态，被负面情绪控制的时候，更容易感到不好意思。

但是，情绪的存在是不可避免的，没有人能够让自己完全没有情绪，也没有必要使自己成为一个不带情绪的"木头人"，于是，学会如何管理情绪，就成了当代人必不可少的生存技艺之一，学会如何避开负面情绪效应的影响，更是重中之重。

避开负面情绪效应的影响，首先要学会控制自己的情绪。我们虽然不可以将负面情绪消灭，却可以尽量去控制它们。比如，当你遇到令人生气的事情时，没有理由说服自己心平气和地对待，你能够感受到自己的愤怒情绪正在膨胀。这时候，单纯地劝说自己显然是没用的，"生气影响健康"这类理由虽然符合科学，对于正在气头上的人却没有实际的劝说力。那么，不妨控制自己的行为，做几个深呼吸，强行露出笑脸或是做个鬼脸，放松因生气而变得僵硬的面部肌肉。身体上的变化会引起情绪上的变化，当气息变得舒缓，面部肌肉也松弛下来，对你的心理都是一个暗示：我并没有感到气愤，可能这件事原本也不足以令我生气。就这样，你会惊讶地发现，你成功地控制了自己的愤怒情绪。对于其他的负面情绪控制，这也不失为一条行之有效的通道。

　　情绪效应的显著特征之一就是情绪会影响事情的发展和人际交往的开展，为了避免负面情绪效应影响到这些方面，最好的办法就是不要带着情绪处理事情和人际关系，尤其是负面情绪，以免失之理智。比如，当你感到闷闷不乐，这时候去做什么事都会难以提起兴趣，但你不会意识到是你本身情绪的问题，而会认为是这件事让你闷闷不乐。在心情郁闷的情况下接触某个人也是，不仅会让你感到这个人使你感觉郁闷，你的郁闷情绪还会传染给对方，使得对方也对你反馈不良的情绪，这样一来，你们之间的关系会变得更加糟糕。因此，如果发现自己带着不良情绪，最好先控制住情绪，再去处理其他事情或是与他人交往，避免你的负面情绪"伤及无辜"。

　　人在负面情绪的控制下，更容易感到不好意思，从而引发一系列的负面情绪效应，如自卑，愤怒，悲伤等情绪，以及选择错误的方法处理问题。在发觉情绪不良的时候，要特别提醒自己不要被不好意思控制。如果发现自己已经出现了不好意思的心理，要尽快理清思路，斩断不良情绪与不好意思之间的联系，避免走入恶性循环的怪圈。

第二章

诱发不好意思的因素

1.借口的来由

借口源于心虚

有这样一个故事：有户人家养了一只狗和一只猫。突然，家里来了一群老鼠，到处乱窜，四处偷吃。狗只好拼命捉老鼠，从早忙到晚。猫见了很不屑地说："你怎么能捉老鼠呢，那不成了狗咬耗子——多管闲事么！""那你为什么不捉老鼠？给主人消灭鼠患，不是猫应该做的事吗？"狗生气了。"因为主人不给我鱼吃，我饿得走路的力气都没有了，哪还有力气捉老鼠啊！"猫躺在地上，懒洋洋地说。于是，狗从主人那儿讨来一大串鱼给猫吃。猫吃完鱼，继续往地上一躺。狗问道："你现在该有气力捉老鼠了吧？"谁知猫眼皮也不抬一下地答道："这么多鱼吃都吃不完，捉老鼠干什么！"

故事中的猫，总是找借口来解释自己不办分内之事的行为，的确令人感到可气。在人类当中，也不乏喜欢找借口的人，甚至我们自己，也经常找借口。当有人邀请我们去参加某个活动，而我们不感兴趣，于是想方设法找一个"没有时间"的"证据"，当然，这是借口；当我们答应某个人要做某件事，最后竟然忘记了，根本没有做，于是极力解释，要么没有天时，要么缺乏地利，总之不能如实告诉对方是由于我们自身的原因，这也是借口；遭遇失败了，却不愿意承认是自己的问题，于是从周围的人和事上努力找原因，这还是借口。

借口是这个世界上最微妙的存在。无法想象，假如这个世界上没有"借口"，我们将如何拒绝、否定、解释、为自己找一个台阶，让我们的行为看起来合情合理，让我们的失误或者失败看起来情有可原，让我们的处境或态度看起来多么值得理解。

在人的一生当中，或多或少都有用得上借口的时候；在同一个情境之下，不同的人用着不同的借口。看起来，借口似乎所向无敌，能帮我们面对所有的问题。但，真的是这样吗？仔细去想一想，你就会发现，借口并不能真的帮我们解决问题，它只能帮助我们逃避问题。对于不想做的事，不想见的人，不愿说的话，这一次用借口逃避了，下一次还会再来，因为你从来没有直接地告诉他人：你不喜欢；违约了、失信了，用一时的借口骗过对方（假如对方比较傻的话），但难免日后不被人知道；犯错了、失败了，将责任推给借口，要么自欺欺人，要么继续失败，要么在自欺欺人中继续失败。你想用借口掩盖真相，但借口就是借口，真相就是真相，既不能互相掩盖，也不能互相代替。

因此，越是心虚的人，越是在不好意思的时候，越需要借口的掩护。反过来，越找借口，内心就越觉得不好意思。而越是坦荡、敢于直面现实的人，越容易看透借口的逃避本质而摒弃它们。

借口是懦弱者的纸质盾牌

美国内战期间，总统林肯先后任用了四名联邦军队总指挥官，而他们没有一个人能"100%执行总统的命令"——向敌人进攻，打败它们。最后，格兰特完成了这项任务，带领美国历史进入了崭新的一页。

许多人开始寻找格兰特致胜的原因，直到格兰特做了美国总后，谜底才被揭开。一次，格兰特到西点军校视察，一名学生问格兰特："总统先生，请问是西点的什么精神使您勇往直前？""没有任何借口。"格兰特简短地回答。"如果您在战争中打了败仗，您必须为自己的失败找一个借口时，您怎么做？"学生继续问。格兰特想也没想就回答他："我唯一的借口就是：没有任何借口。"

这就是格兰特成功的原因，其实很简单，那就是执行任务，然后完成，不找任何借口。早在格兰特还是一名士兵的时候，他就将这一点当做了他人生的信条。刚进入西点军校学习时，许多新兵无法承受高强度的训练，难免牢骚满腹，想尽办法偷懒。格兰特却不找任何借口地服从命令，不折不扣地执行命令。在他看来，有两种人老是为自己找借口。第一种人是从一开始就找借口为自己开脱，他根本"不想去做"。第二种人是一开始未尝不努力，但难以坚持到最后，稍遇失败就开始找借口。格兰特拒绝做这两种人，坚持贯彻西点军校"没有任何借口"的精神，最终完成了令人瞩目的历史使命。

相较而言，我们在日常生活和工作中所听到和提到的那些"那不是我擅长的领域"，"我只是不想全力以赴"，"我今天状态不好，所以没有完成计划内的事"，"这件事不能怪我，是别人没有配合好"等等，诸如此类的借口，看起来更像是一张纸质的盾牌，不仅不能帮你开脱责任，反而免显得脆弱可笑。

所以，想要取得成功，就必须抛弃借口。

首先，要从根本上认识到找借口的危害。

借口不能帮你解决任何问题。在战争中，不找借口是一条铁血法则。因为战争的结果只有两个：要么消灭敌人、要么被敌人消灭。敌人不会因为你有任何借口就对你手软。生活又何尝不是另一种意义上的战争？那些总是找借口的人，一旦养成找借口的习惯，做事就会拖拖拉拉，或者干脆不做，这样的人自然逃不掉优胜劣汰的生存法则，最后被失败消灭。更要命的是，那些找借口的人在享受了借口带来的短暂好处和轻松后，不再对撒谎和自欺欺人感到自责，变得无所谓，变得越来越麻木，最后再也不会尝试追求成功。这比找借口本身更可怕。

其次，丢掉借口，学会直接对自己、对他人说不。

喜欢找借口的人，有一个共同特点，就是喜欢否定别人，不愿意否定自己。他们对自己无限宽容，遇到自己懒散、怯懦、犯错的时候，他们会从环境、条件、他人等一切客观方面想尽办法为自己开脱，就是不愿意承认自己的缺点。然而，在某些时候，他们又对别人特别宽容。比如，在收到不愿意参加的邀请、面对不能或无法兑现的请求时，他们有常常碍于面子不愿意直接拒绝，非要找一个借口说服对方"我很愿意为你……，但我因为……的缘故，不能……"或者，因为找不到合理的借口，他们干脆来者不拒。那些跟随狐朋狗友干鸡鸣狗盗勾当的人，不就经常这样吗？

这样的人，看起来既不委屈自己，也不得罪别人，好像活得八面玲珑，内外轻松。但量的积累总会带来质变，总有一天，他们会被自己的借口所害，面对失败，再也找不出任何借口。与其这样，不如在一开始就不要用借口为自己开脱，直面自己的错误，在一开始就学会拒绝，不因不好意思妥协而放弃自己的立场和原则。

既然纸质的盾牌不能起到真的保护作用，不如抛弃吧。没有了虚幻的保护屏障，你才能学会解决问题的技巧，坦然地面对问题，让借口离你越来越远，让成功离你越来越近。

2. 不好意思本身是一种对抗行为

最大的敌人催生内心的对抗

有这样一个故事：

小和尚问老和尚："师父，一个人最害怕的是什么？"

"你认为呢？"老和尚反问道。

"是孤独吗？"

老和尚摇了摇头："不对。"

"是误解？"

"不对。"

"绝望？"

"不对。"小和尚一口气答了十几个答案，都被老和尚否定了，小和尚只好放弃。

这时候，老和尚告诉他："一个人最害怕的是他自己。"

小和尚不解地盯着老和尚，老和尚解释道："你刚刚所说的孤独、误解、绝望等等，都是你自己内心世界的影子，而不是外界放进去的东西，所有的感觉，都是你自己给自己的。当你感到害怕，也是因为你给了自己害怕的感觉。那你说，一个人是不是最应该害怕他自己？"

小和尚恍然大悟。

拿破仑也说过这样一句话："我最大的敌人就是我自己。"他一生纵横天下，领导过无数战争，却不承认有任何敌人，唯独觉得自己是最难以战胜的强敌。无独有偶，爱斯基克当初在创建洛带利公司的时候，经历了无数坎坷，最终取得了成功。然而，20年后，一场波及世界的经济危机让他的公司被维多利亚钢铁公司吞并。他的手下提出建议："维多利亚钢铁公司是我们的敌人，他们在我们陷入困境的时候落井下石，我们应该报复他。"爱斯基克却冷静地说："他不是我们的敌人，真正的敌人是我们自己。我们无法左右自己的命运才落得今天的下场，怨不得别人。难道我们有权阻止别人强大吗？"

是的，没有人能够打败我们，除了我们自己。

从心理学的角度来说，一个人的自我可以分为三个方面，即理想自我、真我与实我。理想自我，是经由理想以及为满足内心需要而建立的一种理想化的形象，对个体而言，它是完美无缺的。真我是个人所具有的天赋潜能中的一部分，是活生生的，是一个人真正的生命中心。实我是真我受环境的熏陶炼铸，所表现出的状况之综合，它是实际的，是现实的。简言之，理想自我是想像中的标准，而实我则是一切实际行为的表现。随着年龄的增长，理想自我与真我会发生激战，在内心产生对抗。人类需要不停地与自我、与别人战斗，以求解决一系列的冲突——理想自我与真我间的冲突，单一自我与周遭人们间的冲突。人性发展的真义在于发展潜能、扩展自我，以求内心的安宁与人际关系的和谐。然而，不利的环境却可能使人陷于无限的冲突与对抗中，遂造成许多不正常的发展过程，不好意思便是其中之一。

不好意思是内心对抗的外在体现

在我们的内心，因为不同自我之间，自我和他人之间的冲突，常常有一场战争在进行着，这个主意无法说服那个主意，那个主意又不能取代这个主意，于是不停地纠结、斗争，迟迟不能下决定，这才给了不好意思萌芽的契机——选择这个主意觉得对不起那个思想，选择那个主意有难以对这个想法交代，左右为难。最终，我们败给了自己的纠结、犹豫、挣扎、对抗。我们之所以感到不好意思，还是因为内心的对抗在作怪。

唐朝第十代皇帝唐德宗李适，便是一个内心充满对抗的典型人物。在唐德宗的整个少年时代，大唐处于安稳浮华的盛世。然而，在李适14岁那年，安史之乱骤然爆发，唐朝国运衰败到低谷。在这场江河日下的时代大变迁中，德宗经历了人生的大喜大悲，亲历了战火硝烟，逐渐形成了激情扬厉和消极颓废的双重性格。从此，这双重性格不断在他的内心制造对抗与冲突，不但影响了他的一生，也深深影响了大唐帝国的国运。

唐德宗即位后，国土的长期动荡和民众的离乱之悲，使德宗对开元之前的盛世局面充满了深刻的怀念，他立志励精图治，锐意实施革新，准备重振大唐王朝的雄风。然而长期累积下来的各种社会矛盾已非一日之寒，急于求成的唐德宗采取的很多措施不但不合时宜，反而激化了社会矛盾。在一系列改革遭遇挫折后，他雄心壮志竟然消失殆尽，情绪一落千丈，他的性格走向另一个极端，并且终其一生在这种矛盾的痛苦中挣扎而不能自拔。例如，他即位之初听信杨炎的话，杀了主张改革的宰相刘晏，任命杨炎为宰相进行改革。后又听信大奸人卢杞的谗言，赐死杨炎，导致人事变动和政策变动频繁，吏民都有些无所适从。德宗为皇太子时就很清楚重用宦官的弊端，所以即位伊始就下决心整治，"疏斥宦官"而亲近朝廷官员。但在遭遇"泾师之变"出逃避难的过程中，德宗逐渐改变了对宦官的态度，最后还固定了宦官任各地藩镇监军的办法，专为担任监军使的宦官置印，大大提高了监军的地位。这些纷争对抗的根源，都在于德宗心怀宏图壮志，却遇挫则怠的矛盾性格。

在当代社会中，也存在许多这样的矛盾现象：内心向往自由却迫于现实而向条条框框投降；想要积极竞争取得成功，却又担心违背传统的谦虚友爱精神；即使濒临崩溃也强颜欢笑，只是因为要坚强给别人看；真我被束缚在为他人包装的外表中逐渐迷失……

太多的矛盾和对抗激荡在我们的心中，心理冲突像被雨水滋润的春笋，任何力量都抵挡不住它们的疯长，伴随疯长的，还有压抑、焦虑、纠结、不好意思等负面情绪。我们一方面不肯向任何一方低头，一方面又意识到这种对抗是有问题的，我们为自己内心无法和谐统一的主意、为自己是自己的敌人感到尴尬，为难，焦虑，并且，这些情绪都通过不好意思的心理表现出来。在这样的对抗中，我们要么与心里那个最强大的敌人死磕到底，两败俱伤，要么与之合二为一，将对抗消除，化敌为友。

而那些内心笃定的人，总知道自己要什么，懂得自己的优缺点，明白要确立什么样的目标，采取什么样的方法，拒绝什么样的行为，因此也很少感到不好意思。

心病还需心药医，想要解决不好意思的根本问题，还得从化解内心对抗做起。具体方法，在后面的章节中将有详细介绍。

3. 自我暗示的符号解析

自我暗示

1984年，洛杉矶奥运会的体操决赛，来自日本的体操选手具志坚幸司在出场前，紧闭双目，口中念念有词。但没有人知道他在说什么。比赛中，李宁、童非、麦克唐纳、康纳斯等体操名将相继失手，唯独具志坚幸司一路发挥正常，最后夺得全能冠军。比赛结束后，有记者问他：为何你每次上场前都要默念一番，你口中默念的是什么？具志坚幸司笑而不答，显然是不肯揭开谜底。心理学家分析，具志坚幸司口中念的并非什么神奇的"咒语"，可能仅仅是一种自我暗示。

在心理学上，自我暗示指的是通过主观想象某种特殊的人与事物的存在来进行自我刺激，达到改变行为和主观经验的目的。它是人的心理活动中的意识思想的发生部分与潜意识的行动部分之间的沟通媒介，这种启示、提醒和指令通常通过五种感官元素即视觉、听觉、嗅觉、味觉、触觉给予自己心理暗示或刺激。

在许多情况下，自我暗示能带来令人意想不到的结果，比如上文中提到的具志坚幸司比赛前默念"咒语"的作用，以及下面例子中事件。

英国曾有位著名的网球明星吉姆.吉尔伯特，在她幼年时期的某一天，她跟随母亲去看牙医。结果，她从不曾想过的事情发生了：她的母亲竟死在了牙医的手术椅上。虽然，事后经过调查证明，她的母亲是因为牙病引发了潜伏的心脏病造成死亡，但是这件事从此成为一个巨大的阴影，在未来的40年时间里不断折磨着吉姆.吉尔伯特，使得她即使牙痛难忍也拒绝看牙医。

一天，已经成为著名球星的吉姆.吉尔伯特被牙痛折磨得再也无法忍受，只好勉强答应了家人的提议，将牙医请到家里来给她治疗，在这里，除了有家人的陪伴，还有私人保健医生、私人律师等人，可以说是一个十分安全的环境。

然而，令人意想不到的事情再度发生，吉姆.吉尔伯特躺在手术椅上，当牙医准备好手术器械要给她动手术时，回头一看，吉姆.吉尔伯特已经死在了手术椅上。为此，当时伦敦的报纸这样评价吉姆.吉尔伯特的死：她是死于四十多年的一个念头。

自我暗示对人的行为和心理都有着强大的影响力，而且有积极和消极之分。积极的自我暗示，会引导人往积极的方面去思考问题和处理问题，通常会带来积极的效果，如具志坚幸司的例子。而消极的自我暗示，则可能引导人往悲观消极的方面去想和做，从而产生很坏的影响，甚至剥脱人的生命，如吉姆.吉尔伯特的事迹。所以人们常说：心态决定命运，其实正是以自我暗示决定行为这个事实为依据的。

不好意思是自我暗示的一种表现形式

自我暗示会告诉我们注意什么、追求什么、致力于什么和怎样行动，它能够在极大程度上支配影响一个人的行为。经常感到不好意思的人，其实也是受自我暗示的影响。当人们觉得自己应该为某种行为或某种状态感到不好意思，就会不由自主地不断自我暗示："我觉得很不好意思""很羞愧""很尴尬""很没面子"等等。在这个逻辑关系中，不好意思只是行为上的表现形式，真正发挥作用的，还是心理上的自我暗示。自我暗示越强，时间越久，人们在情绪和行为上就会越表现得不好意思。如此恶性循环下去，简直没完没了。

可见，如果人们对源自内心的感觉和信念无条件加以接受，就会走入自我暗示的围困中，不但心理会受到影响，在生理方面也会有所改变。

苏联科学家曾做过这样一个科学实验：将一名死刑犯押到一个密室，告诉他将采用切断动脉的方法处决他，并向他出示了解剖刀。然后，蒙住犯人的双眼，在他手臂动脉处轻轻划了一刀，确保没有伤及动脉。接着，科学家将一股细细的温水顺着犯人裸露的手臂流淌，滴入地面上放着一个铁盆子里，水滴敲打盆底，发出"嘀哒，嘀哒"的响声。之后，在认为的控制下，水流越流越慢而小，水温越来越低，"嘀哒"声越来越弱，犯人开始挣扎，不久便断气了。此时，犯人手臂上的伤口早已自行止血。科学家们经过尸体解剖发现，犯人死于心脏麻痹，而非失血过多。

另一个著名的案例来自美国的一名电器工身上。这名电器工的工作环境里布满高压电器设备，当然，一切安全措施都俱备。不过，这样也无法消除电器工心中的恐惧不安，他每一天都在担心自己被电死。终于有一天，电器工在工作时不小心碰到一根电线，他不幸当场断气，而且身上呈现出触电致死的典型症状：身体皱缩，皮肤呈现紫红和浅蓝色斑点。然而，令人大吃一惊的是，电器工触电时，电闸根本没有打开，也就是说，他是被自己的心理暗示杀死的，而非触电身亡。

上面这两个案例显示，自我暗示的力量是何等厉害，可以在一瞬间夺去人的性命！我们在平时的生活中，当然不会轻易遇到这种极端的案例。不过，在所难免的，每个人都可能受到自我暗示的影响，从而改变自己的心理和行为。从这个角度而言，自我暗示是积极的还是消极的，就变得尤为重要了。

学会积极地自我暗示

《世说新语·假谲》篇记录着这样一段故事：曹操领兵出征的路途中迷路了，找不到水，士兵们严重缺水，连话也说不出来。曹操见状，心生一计，一扬马鞭大声喊道：前面有一片大梅林，正硕果累累。士兵们一听，想到梅子的酸味，立即口冒酸水，也感到不口渴了。队伍得以继续前行，一口气又走了几十里路，找到了水源。这就是"望梅止渴"的由来。

在这则故事中，曹操利用语言暗示的作用，引发士兵的自我暗示，收到了意想不到的效果。其实，除了让身体引起某种反应，自我暗示还有其他作用：

1. 镇定情绪，集中注意力。

在受到外界情境干扰的情况下，人会感到内心紧张，被杂念干扰，注意力无法集中，这种紧张束缚了一个人的潜能。这时候，如果运用合理的自我暗示，就能镇定情绪，排除杂念，提高注意力，让自己正常或超常发挥。这是在体育竞赛或战争中常用的方法。

2. 自我提醒。

在思路清醒的时候，我们一般都清晰地记得自己能做什么，不能做什么，会选择理智的方式处理问题。然而，在面对事情的时候，往往就忘记了很多规则和禁忌，从而犯错。自我暗示可以帮助我们在关键时刻提醒自己。比如，当你准备做某件事情的时候，自我暗示可能会跳回来提醒你其后果，阻止你的行为。在你出现心理障碍如胆怯、紧张时，自我暗示也会提醒你要放松。而当你感到不好意思的时候，自我暗示会提醒你，这没什么，完全是你想多了，这时候，也许你就会放弃向世俗妥协的行为，转而采取理智的处理方法。

自我暗示的用处很多，范围也很广，想要好好利用自我暗示的效果，还得进行一些训练，让积极的自我暗示成为自己人生中的得力助手。

积极的自我暗示，可以通过如下几个方法来加强：

1. 加强积极的自我暗示。

平时多用积极的话鼓励自己，即使在面对令自己害怕的事情的时候，也要鼓励自己正视问题，鼓起勇气去尝试，并不断告诉自己一定可以完成。这样一来，即使你不能真的完成某件事，至少鼓起了勇气去尝试，而不是一味地逃避，永远都处于害怕的阶段。

2. 避免消极的自我暗示。

有时候，自我暗示就像一个怪圈，越是我们害怕的事情和结果，越容易占据我们的头脑，并无法抑制地跳出来提醒我们。所以，当你意识到自己容易进入消极的自我暗示模式时，要强行改变这一点，具体的方法是，在一开始就用积极、正面的语言暗示自己，避开消极、负面的语言和环境，从而使自己只面对积极的一面，完全不去想消极的一面。

3. 不断重复，直到形成习惯。

自我暗示可以默默地进行，也可以大声说出来，还可以写出来、唱出来、画出来。其实，关键不在于形式，而在乎重复的次数，通过不断地重复让自我暗示演变成一种习惯，以便在关键时刻它能够自然而然地冒出来帮助你。每天进行十分钟的训练，是不错的方法，不妨去试一试吧！

4. 如何截留心理暗示

心理暗示

从心理学术语上讲，心理暗示分为自我暗示与他暗示两种。但是一般生活中人们习惯用"心理暗示"表示"他暗示"，它是是指人接受外界或他人的愿望、观念、情绪、判断、态度影响的心理特点。其通路是人或环境以非常自然的方式向个体发出信息，个体无意中接受这种信息，从而做出相应的反应。从心理机制上讲，它是一种被主观意愿肯定的假设，假设不一定有根据，但主观心理上竭力趋向于认同假设的内容。

澳大利亚的土著人群体中有一个流传至今的神秘杀人方法，名叫"骨指术"。达尔文医院曾接收过一位被执行过"骨指术"的病人，他的病症是无法吞咽，不能进食和喝水。然而，医生给他做了各种检查，却怎么也查不出病因。病人也放弃了治疗，声称自己"已被指过，肯定活不成了"。果然，几天后，这名病人在医院里突然死去，身上看不出任何异状。

经过调查，医生得知这名病人是澳大利亚的美利族人，曾触犯族规，又拒绝接受族人的审判，于是族中杀手便对他执行了"骨指术"。如果你去了解一下澳大利亚土著人的历史，便会对这种神秘的杀人方法有所了解。在记载中，施术者用人骨和头发制成杀人骨，赋予它超自然的力量，之后，在根本没有与受害人有身体接触的情况下，施术者就可以通过骨指的仪式使受害人犹如长矛刺心，然后不留伤痕地死去。

据说，这种杀人方法屡试不爽，在澳大利亚的土著人心中具有绝对的权威性，没有人敢挑战这种方法。

然而，从科学的角度来讲，这种方法很难讲得通。后来，人们不得不对这种方法从其他角度展开研究。心理专家提出了他们的看法："骨指术"的杀伤力应该不是来自神秘的力量，而是来自心理暗示。因为被施以"骨指术"的人对它的法力深信不疑，从而在心理上产生了极端恐惧的情绪，进而引起一些列的不良的生理反应：肾上腺激素增加、血流量减少、血压降低等，从而造成喉咙失声、口吐白沫、全身发抖、肌肉抽搐、无法进食等症状，最后导致死亡。

心理免疫学认为，心理因素可以影响到人的免疫系统的功能，尤其是在消极的心理暗示下，如紧张、焦虑、恐惧的心理暗示下，人的免疫能力会迅速降低，与免疫系统有关的激素水平也会发生改变，使生理功能发生明显变化。这一点早已经过了科学的验证，专家们经过研究发现，家里有丧事的人，在丧期中免疫细胞的活性会下降，而那些处于情绪低迷状态的人，很容易被病毒侵袭。

心理暗示引发不好意思

同样的，心理暗示也极大地影响着人的不好意思心理，甚至堪称其源头。不过，个体接受心理暗示的能力高低因人而异，一般来讲，人格相对独立的人，比较不容易接受他人的心理暗示。而那些本身就存在心理缺陷的人，则轻而易举被他人的暗示控制。原因是，心理暗示发挥作用的前提条件是自我本身存在一定的缺陷，那些自我十分完善的人，是很难被人找到心理暗示的突破口的。

比如说，一个人的自我非常虚弱、幼稚、不成系统，对别人依赖性极大，不够自信，这个人就很容易受他人的影响，人云亦云，自我被别人的"暗示"占领和控制。由于这些人内心存在着严重的自卑和不安全感，他们比较容易相信各种神话和来自他人的观点，幻想别人能拯救他们，为他们拿主意，给他们带来好运。可以说，他们在潜意识里就存在着接受暗示、接受操控的渴望和需要。当心理暗示出现时，就刚好迎合了他们的需要。

而那些人格比较独立的人，他们知道自己要什么，怎么做是对的，怎么做是错误的，他们有自己的原则，并且总能坚持自己的原则，不会轻易受别人的影响，也不会因为不好意思而轻易推翻自己的原则。这一类人，不能说他们从不受心理暗示的影响，但心理暗示对他们的作用的确是相对要小很多。

巧妙截留心理暗示

与自我暗示一样，心理暗示也分积极的和消极的，前者能够帮助被暗示者稳定情绪、树立自信心及战胜困难和挫折的勇气，后者则会对被暗示者造成不良的影响，令被暗示者更自卑、害怕、悲观、不好意思。但是，心理暗示又与自我暗示不完全一样，事实上，它们之间存在着微妙的关系。

心理暗示的通路是：A对B施加，它主要是利用B对A信任、崇拜、恐惧等情感，允许A把某种观念含蓄地传递给自己，并让这种观念影响甚至控制自己心理状态、调节其行为或生理机能。自我暗示的通路是B自己对自己进行心理暗示。

在心理暗示中，A的语言和行为十分重要，当A处于积极状态时，B也会接受积极暗示；而当A处于消极状态时，B则会接受消极的心理暗示。另一方面，心理暗示必须转化成自我暗示，A才能够影响B，否则将收效甚微。

这就给了我们一个防止消极心理暗示的机会。当你感受到来自他人的消极的心理暗示时，可以进行截留，防止那些使自己增加精神负担、不利于心理健康的心理暗示转化为自我暗示。你甚至可以将截留下来的心理暗示向相反的方向发展，使之变成积极、乐观的自我暗示。

例如，你正尝试着学习某项新技能，以便通过某项考试获得更高级别的资格证书，从众多竞争者中脱颖而出。但不幸的是，在第一次考试中，你失败了。更不幸的是，一些平时就妒忌你的人终于抓住了取笑你的机会，也许他们会说"那谁真是个笨蛋"，或者说"瞧那谁，这把年纪了还考证，真是不知自己几斤几两"。如果你因为对方的评价感到羞愧、不好意思，真的认为你自己很笨，不自量力，那别人就成功地给你施加了消极的心理暗示。这时候，如果你能坚信自己只是一时的失败，你完全有能力获得更高级别的资格，挑战全新的高度，那么，你就等于成功地截留了他人的心理暗示。如果再用积极、正面的语言或其他方法鼓励自己继续努力，不要放弃当初的计划，你就成功地对自己展开了积极的自我暗示。

瞧，一切就是这么简单，你需要的，仅仅是弄清楚什么暗示是对自己有利的，然后去尝试，去改变。

5. 他人的意愿和自己的意愿

从身体的奴隶到心理的奴隶

在长达前年的奴隶社会和封建社会阶段，大部分人被小部分人牢牢地控制着，任凭奴隶主或封建主人奴役和驱使，不敢反抗，甚至不思反抗。诚然，统治阶级一般都凭借着强大的经济实力和武力在控制着被统治阶级，但他们并非需要时时拿出这些东西来威慑被统治阶级，有时候，仅仅是一个意愿，就可以让被统治阶级俯首帖耳。因为在被统治阶级的心中，统治阶级的意愿是绝对不可违背的，他们天生具有支配权和统治权，违背他们的统治意愿，是大逆不道，其罪行要大大超过一般的道德犯罪。

然而，陈胜用一句"王侯将相宁有种乎？"去挑战统治阶级的意愿，对抗命运的不公平，在生死困境中率众起兵，在密不透风的封建统治牢笼上挣破一个缺口，成为反秦义军的先驱。他用响彻历史长河的声音告诉我们：没有谁的意愿是不可违背的。

满清王朝，在封建统治与八国联军的围困下，中华民族身压三座大山，民族尊严被压迫到极低的水平线，人民苦不堪言。终于，不堪重负的人民在孙中山的带领之下，冲破封建统治者和外来侵略者的意愿，喊出了自己的声音：民族、民权、民生！他带领革命者用热血写下一行大字：没有谁的意愿是不可违背的。

如今，一般人的生活中没有大苦大悲，也不存在压迫与奴役，但恰好就在这太平盛世，个体才得以被放大来审视，我们才得以看到：就个体而言，他人的意愿仍是干扰个人内心独立的重要因素之一。从被父母的理想操控的子女，到被领导的目标操纵的员工，再到轻易被他人意愿俘虏的普通人，太多的人在从事着自己厌恶的工作，生活在自己不满意的环境里，做着违背自己意愿的事情，扮演着"心理奴隶"的角色。别人的想法、他人的评价、舆论的导向、不恰当的自我评估，一步一步使他们深陷一种无形的牢笼之中，成为心理的奴隶。这些人，主要可以分为以下几大类：

1. "别人怎样想"的奴隶。

这是最普通的一种"心理奴隶"。这类人心理不够成熟，人格不够独立，因而非常在意别人的想法和评论，做任何事都要考虑一下别人会怎么想，会怎么评论自己。他们不仅被"别人怎样想"所奴役，还会盲目听信这些五花八门的"忠告"，不相信自己的判断力，也限制了自己的创造力。

2. 借口的奴隶。

这种类型的"心理奴隶"，喜欢从别人或外界环境的身上找原因，用借口解释自己的失败，经常抱怨，就是不肯好好努力。他们用借口纵容自己一生，也用借口欺骗自己一生，最后用借口浪费自己一生。

3. 时间的奴隶。

这种"心理奴隶"通常认为，在某一年龄阶段时应当做这种事情，到另一年龄阶段时，就不再适合做这件事。然后，他们理所当然地认为自己"错过了一个很好的机会，现在已经晚了，只能听天由命"。

4. "安全感"的奴隶。

许多人宁愿吃"大锅饭"也不愿改革，宁愿固守庸常的现状也不肯冒险尝试更多的机会，这就是典型的"安全感"奴隶。这类人害怕失去，害怕冒险，害怕一切不在他们控制范围内的事物，为了确保自己拥有的一切处于"安全"的状态，他们情愿扼杀内心追求更好未来的意愿，选择小心翼翼地守着现有的成就过日子，还美其名曰"知足常乐"。

5. 失败经验的奴隶。

有些人在遭遇了一次失败后，便败得一塌涂地，心灵被失败的创伤所控制，不再有勇气重新尝试。他们被失败打击得灰心丧气，连总结经验教训的勇气都丧失，停留在过去的失败中，就像把自己关在过去的牢笼里。

除此以外，一项新的研究还表明，售货员、服务员这类服务行业工作者在工作中经常"被迫微笑"，这种微笑多是在有违自己意愿的情况下做出的，如果长期处于这种"假笑"的状态，人的健康会受到影响。

具体的实验过程是这样的：研究人员将一些志愿者安置在一个模拟的呼叫中心里，并让他们遭受到客户的"虐待"。然后，其中一部分人必须对顾客毕恭毕敬，绝对顺从。作为实验对比，另一些人则被允许反唇相讥。结果证明，那些可以将心中不满情绪发泄出来的研究对象在相对较短的一段时间内心跳加速，不过很快就恢复了正常；而那些必须对客户强颜欢笑的人，心跳也会加速，但会持续很长一段时间。这个结果意味着：违背意愿地保持友好态度会给自己造成心理压力，适当发泄不满情绪，对健康反而是有益的。

德国法兰克福大学查普夫教授认为，伪装出来的亲切友好会使人情绪沮丧，压力倍增，从而使免疫系统受损。更为严重的是，如果这种压力长时间持续且得不到释放的话，高血压或心血管病就很容易侵袭人们。

因此，不管是从身体健康还是心理健康的角度考虑，我们都应该遵从自己的意愿，不强迫自己违背意愿去认同他人、服从他人。

拒绝做心理的奴隶

违背自己的意愿，或者顺从他人的意愿，很可能让你成为心理的奴隶。但话说回来，没有谁的意愿是不可违背的，只要你活得不犯法不违规，尽可以按照自己喜欢的模式去生活，追求自己想要的东西。最重要的是，你要遵从自己的意愿，避免被他人的意愿牵着鼻子走，将你人生的控制权交到他人手里。

具体的做法可以参照如下几点：

1. 拒绝做他人的心理奴隶。

拒绝过多模仿他人的想法和行为，独立地思考，在法律和道德允许的范围内，大胆地按自己的方式生活，遇到问题独立思考，适当考虑他人的建议，但应以自己的意愿为主。理性判断他人的评价，理智对待他人的批评指责，对于那些缺少根据的闲言碎语可以完全不予理会，与家人、朋友、恋人、夫妻采取"求同存异"的相处模式。

2. 少找借口，多自我鼓励。

借口代表消极的意愿，很容易掩盖你心中那些积极正面的意愿。不妨用用良好的、积极的、建设性的词汇鼓励自己，激励自己正视问题，正面做出努力，并积极寻找各种有助于成功的方法。不管是否成功，至少尝试过，而不是在行动之前就被借口俘虏。

3. 努力永远都不会太晚。

"年龄的限制"不过是庸人制定的世俗标准，那些充满雄心壮志的人，从来不受时间的限制。晋文公在七十岁时受大臣师旷的启发，仍然在学新的东西；著名经济学家于光远86岁开始使用电脑，86岁建立了自己的网站；黄忠六十跟刘备，德川家康七十打天下，姜子牙八十为丞相，佘太君百岁挂帅……这些事例都证明，努力与时间无关，一个人只要不苟且偷安，有计划、有步骤地向着自己的理想努力，总有一天会到达目的地。

4. 敢于尝试，永远追求进步。

风险是一种客观存在，但人类之所以生存、发展，就是因为冒险精神在不断激励着一代又一代的人去探索和尝试，不断奋斗、消除不安全因素。要想使自己的生活变得丰富多彩、有声有色，就要敢于去尝试新鲜事物，让潜力在压力中得到发展，让能力在困境中得到增长。

5. 失败是投资，而非损失。

保持乐观的心态，将失败看成一种投资，而非损失。这种投资换来的不是现成的成功，却是未来成功的筹码，是另一种形式的收获。他人认为爱迪生为了造出第一个实用的电灯泡失败了9999次，他本人却认为自己排除了9999种无效的方法。如果能有爱迪生的乐观精神，及时总结经验，将失败看成收获，失败迟早会转化为最终的成功。

此外，还可以在初步接收到他人的意愿时，弄清楚他人的意愿是否与你的意愿一致，分析他人的意愿对你是否有利，如果是与你的意愿一致的，对你有利的，则可以顺水推舟作势服从，如果他人的意愿与你的不一致，对你不利，则应想办法避免被他人的意愿操控，甚至可以反客为主，让他人的意愿臣服于你。

尽管，在当代这个浮躁、浮华和充满竞争压力的社会，坚持做一个人格独立、具有强大自我意识的人很难，有时候，我们会被迫改变自己的意愿，说一些违心的话，做一些违心的事。但不管怎样，在能够坚持的时候，还是独立思考，在能够独立的时候，还说拒绝随意附和吧，在拒绝了他人的意愿控制后，还是勇敢承担吧！毕竟，千百年来革命先驱们所做的所有努力，不过是为了让后来人能够人格独立，意愿独立。

6.走下神梯

承认作为人的缺点

这个世界上，每个人都希望自己完美无缺，尽管，大部分人都知道这是不可能的事，没人可以毫无瑕疵。人不在这个方面有缺点，就在那个方面有毛病，这就是所谓的"金无足赤，人无完人"。矛盾的是，人们在知道这个事实的同时，又有着与事实相违背的理想主义，即渴望自己是完美的，并想方设法去否定甚至掩盖自己的缺点。在人的不完美的躯体里，有一颗无法接受不完美的心，是怎样的结局呢？

有这样一个故事：猪八戒得到了一只镜子，于是想看看自己到底长得有多完美。可是，当他举起镜子，看到镜中丑陋的自己时，顿时火冒三丈，不暇思索就举起九齿钉耙将镜子砸得粉碎。结果呢？镜子被砸成了碎片后，猪八戒在每一片锁片中都看到一个丑陋的自己，最后只能落荒而逃。

猪八戒大动肝火，无非是不能正视自己对不起观众的外貌，满以为长得英俊潇洒、玉树临风的他，猛然看见自己离奇的外貌，其惊诧和羞愧可想而知。他感到不好意思啊，别人长得丑也就罢了，他可是堂堂"天蓬元帅"，怎能丑得天怒人怨呢？冲动之下，只好砸了镜子，以为能够改变现状，却不曾料到，事实从来不会因为人一厢情愿的意愿而改变，完美无瑕的神仙形象不过是他臆造出来的一个梦，美丽，却太不真实。

很多人看到这里，一定会嘲笑猪八戒的无知和自欺欺人。然而，世间有多少人在不知不觉中做了"猪八戒"却不自知啊！

生活就像一面镜子，每个人在它面前都轮廓清晰，疵瑕毕现。但仍旧有许多人不愿发现自己的缺点，即使看到了，也都会设法掩饰，只因这些人不愿让那些"鸡毛蒜皮"的小东西去破坏自己完美无缺的形象。在他们心中，他们不是有血有肉有优缺点的人，而是毫无瑕疵的神。我们都知道，是人都会有缺点，是人就难免犯错，是人就不可能完美无缺。但神是怎么样的呢？神是人们心中一切理想的化身，是人们所能想到的最完美的形象，是永远不可能出一点点纰漏的。

正是因为很多人明明身为人，却将自己当成神，以神的标准要求自己，面对自己的缺点时，想方设法遮掩，害怕别人笑话，这才导致了不好意思心理的出现。他们高高地站在神梯上，一心想维持自己的完美形象，却在言行上难以做到滴水不漏、完美不可挑剔。于是，矛盾顿生，尴尬顿生，他们心中的不好意思心理，也如无法驾驭的长风，一瞬间贯穿他们的体内。

在局外人看来，这完全是一种不必要的要强心理。正如，有一个人牙齿长的不好，但不愿让别人发现这个缺点，于是在说话时总是用手去遮掩住嘴巴，甚至尽量不开口说话。这样一来，反而让人对他的这个遮掩动作感到很不满：这个人太虚伪了，牙齿长得不好也就罢了，连说话都不愿意露出嘴巴，不是缺乏自信就是不够坦诚，不值得交往！这个人的行为，岂不是弄巧成拙吗？不但没有掩饰自己的缺点，反而暴露了更多的缺点。但如果他能坦然面对自己的缺点，承认缺点，不刻意掩饰，不但缺点会被人忽略，也会因为大方坦承而赢得大家的尊敬。

所以说，既然任何人都有短处，掩饰又掩饰不了，那么大大方方地承认自己的缺点又何妨？毕竟，我们都只是凡夫俗子。

理直气壮地做一个凡人

追求完美本身没有错，但苛求完美，则是一种心理上的自我折磨，是最吃力不讨好的心理战争。真正懂得什么是"完美"的人，绝不是一味地想掩盖缺点，抹煞缺点，否定缺点。既然如此，何不正视自己的缺点，理直气壮做一个凡人呢！

做一个凡人，则简单很多。

首先要做的，就是以平常心看待自己的缺点和不足。

猪八戒砸碎镜子，就是因为其貌不扬的他没能认清自己的本来面目，认为是镜子丑化了自己。如果猪八戒能够坦然面对和接受自己的长相，也不至于落人笑柄。

正视自己的不足，需要勇气和对抗压力的信心。台湾著名画家谢坤山，16岁时在工厂工作时发生意外，碰触到高压电线，四肢顿时被烧焦，只保住了一条脚，后来又意外碰瞎了一只眼睛。然而，他没有被突如而至的厄运击垮，面对失去一条腿一只手一只眼的身体不足，不顾连上厕所都尴尬的局面，没有任何画画基础的谢坤山不但自己发明了许多方法解决日常生活中的吃饭、喝水等问题，还开始学习文化知识，后来又学着用嘴咬笔习画，终于在画布里搏斗出了精彩的人生，成为台湾知名的职业画家。

当代作家史铁生，在人生最美好的年纪上突然双腿瘫痪，面对自己身体的严重不足，他在绝望之余，终于挑战了自我，战胜了消极心理，决定好好活着。他发挥自己的文学特长，笔耕不辍，最终成为文坛上的一颗明亮的星星。

这些身体有如此严重的残疾的人，尚能正视自己的不足，勇于挑战自我，我们又有什么理由不面对自己身上的毛病和缺点呢？又有什么理由要拼命掩盖它们，将自己装扮成完美无瑕的神呢？

除了以平常心看待自己的缺点和不足，还要做到不用神的标准要求自己。

用神的标准要求自己，意味着对自己苛刻至极，不敢在他人面前露出半点属于正常人的小缺点，小不足，不敢坦然地展示真实的自己。而且，一旦在他人面前暴露缺点，就会觉得万分不好意思，而这种不好意思背后潜藏的，其实是自卑心理。

作为一个现代人，一定要用科学的目光看待自己，要求自己，既不妄自菲薄，也别用神的标准苛求自己，而是学会自信、自尊、自强，让自己变得更美好，这样，就算成不了一个完美的神，能成为一个美好的人，也是另一种意义上的完美。

最后，要做到不苛责自己的错误。

人非圣贤，孰能无过？虽然我们不鼓励掩盖自己的缺点，纵容或无视自己的错误，但也不主张苛责自己的错误，甚至对自己的错误耿耿于怀。对于曾经的错误，最好的处理方法是理智面对，认真分析，即使改正，吸取教训。只有这样，错误才变得更有意义。

同时，对于容易引起错误的一些缺点，不但不能掩盖，还要积极面对，及时改正，这样才能避免自己在下一次因为这些缺点感到不好意思。

总之，自强，自尊，是人生立身之根本，但凡事过犹不及，如果对自己要求太苛刻，到了不可能达到的地步，就成了强求。在自我标准方面，最实用的标准就是：树立积极向上的人生观，以积极的态度对待，克服种种缺点，从挑战重重困难，体味小小的喜悦，赢得真实美好的人生。

7. 有生命就不卑微

每一个生命都有其尊严

现在，地球上有70多亿的人，仅仅是我们国家，就有超过13亿的人口。在这个庞大的数据中，我们只是十分渺小的一粒沙。这是多小的一个概念呢？小到足以让很多人认为，自己的存在或消失，都不会引起世界上的任何变化，甚至不会被发现，小到放进人群里，就再也找不出来。尤其是对于那些长相普通、家世平凡、能力一般的人来说，似乎真的没有从人群中凸显出来的资本。而对于那些有些缺点的人来说，则会更加觉得自己的渺小，渺小到找不到存在感。

是的，在恢宏的世界和那些光彩夺目的人面前，人们常常会觉得自己很卑微，这是一种正常的心理。但假如这种感觉过度强烈，则不再正常了，它已经变成了自卑。

自卑是一种不能自助和软弱的复杂情感。有自卑感的人很容易轻视自己，认为自己不如别人，即使怎么努力，也不会赶上别人的优秀。自卑的危害，我在前面已经提到过，在这里，我要说的是，不管看起来多么渺小、多么微不足道的人或是其他生命，都绝对不是没有存在的价值，事实上，每一个生命都有其存在的价值，也应有他们的尊严。

著名的蝴蝶效应，便阐述过这样一个原理："一只南美洲亚马孙河流域热带雨林中的蝴蝶，偶尔扇动几下翅膀，可以在两周以后引起美国德克萨斯州的一场龙卷风。"一直小小的蝴蝶，对于地球来说是再微小不过的生命，然而，正是这微小的生命，轻轻不经意地扇动了几下翅膀，就导致了它身边的空气系统发生变化，并产生微弱的气流，而微弱的气流的产生又会引起四周空气或其他系统产生相应的变化，由此引起一个连锁反应，最终导致其他系统的极大变化，直到影响整个地球的气象状况。

在我国的古代典籍《吕氏春秋》中，也记载了一个类似的事例：

楚国有个叫卑梁的边境城邑，与吴国交界。一天，楚国和吴国的姑娘同在边境上采桑叶，一时兴起，就做起了游戏。在游戏时，吴国的姑娘不小心将楚国卑梁的姑娘踩伤了。卑梁的人不干了，带着受伤的姑娘非要去找吴国人讨个说法。吴国人不甘示弱，不但不道歉，还出言不恭，更加惹怒了卑梁人。冲动之下，他们把那个吴国人杀死了。这下不得了，吴国人要报仇呀，哗啦啦地集结了一帮人，冲到卑梁就把那个杀吴国人的卑梁人杀了，还杀了他全家。卑梁的守邑大夫听到有人报告此事，盛怒之下，发兵反击吴人，把当地的吴人老幼杀了个净。这下麻烦大了，这件事惊动了吴王夷昧，于是他派人领兵入侵楚国的边境城邑，攻占夷以后才离去。吴国和楚国之间的大规模冲突就此爆发。从做游戏踩伤脚，一直到两国爆发大规模的战争，直到吴军攻入楚国的郢都，不正应了韩非子那句话吗——"千丈之堤，以蝼蚁之穴溃；百尺之室，以突隙之烟焚。"

还有一个来自蚂蚁的故事：蚂蚁窝旁着起火的时候，蚂蚁纷纷聚拢，抱成一团，雪球般飞速滚动，冲离火海。同时，最外一层蚂蚁被烧得啪啪作响。但最终，处于雪球内层的蚂蚁逃离了火海，原来，最外一层蚂蚁用生命为自己的同伴开拓出一条生路，没有它们的牺牲，渺小的蚂蚁家族将会全军覆灭。但凡称得上伟大的东西，往往不在于体积的大小，地位的高低，而在于他们的精神内核。不管是"千里之堤，溃于蚁穴"，还是蚂蚁抱团逃生，都是卑微者的威严和挑战。所以，千万不能忽略微小的生命，他们普通，微小，却不卑微。

蚂蚁尚能如此，何况人呢？作为人，我们更应该做到，即使是最普通的人，也应该坚守自己的尊严，不妄自菲薄。因为，每个人都是独特的，有属于自己的精彩，不管是达官显贵，还是平头百姓，都只是一个身份的区别，在人格上，人人平等，在能力上，也并非谁永远落后于谁。况且，优秀和普通本身，也不过是社会的一个定义，只要明白自己的价值，人人皆可称得上优秀。

别让自卑夺去你的尊严

秀兰.邓波儿曾主演过一部影片，名字叫《小公主》。这部影片讲述的是英国女孩沙拉.克鲁的故事。莎拉.克鲁刚生下来就失去了母亲，在印度经营煤矿的父亲对她宠爱有加，视她为公主，并且，他们家里十分富有。七岁的时候，她被父亲送回伦敦，将她独自留在铭钦女士办的一所高级女童培育院住读。这时候的沙拉，不但是父亲眼中的公主，也被校长和老师以及同学视为公主。但是莎拉并不因此而趾高气扬，她虽然常常假装自己是位公主，但她要求自己一定要学习公主的大家风度，举止有礼，宽容，善良，能帮助别人。

不幸的是，一个坏消息传来：莎拉.克鲁的父亲破产身亡，她成了一无所有的孤儿，再也不是"小公主"。铭钦女士的态度立即来了个大逆转，把莎拉从小公主变成了最低贱的使女，从原来漂亮的房间赶到寒冷简陋的阁楼上去栖身，并想方设法折磨她，侮辱她，企图毁灭她的自尊，让她低头。

然而，在重重困难面前，莎拉不但没有被打倒，还时时不忘保持公主气度——自己不吃也要帮助别人，挺身而出保护弱小，思念父亲时暗中哭泣，但在人前绝对不卑不亢。

当冷酷势利的女教师讥讽她已经不再是个公主时，莎拉的自尊不但没有被伤害，她还给予坚定的回答："不，我是公主！每个女孩都是公主！哪怕她住在低矮的阁楼里；哪怕她衣衫褴褛；哪怕她不漂亮或者不再年轻，但她依然是公主！"

后来，莎拉被父亲的朋友接走，她父亲死后留下一大笔遗产，她又变回了"小公主"。

但不管是否是这样令人欣慰的结局，我们都有理由相信，莎拉一定会战胜困难，永远做一个公主。因为，不论身处什么样的境地，她都没有自卑，即使被折磨得变成了"乞丐"的模样，她的内心仍然是公主——高贵，高尚，自尊，自爱。她那种来自骨子里的自信和尊严，是任何人都击不垮的！

小公主的精神感动了无数人，只是，是否人人都能体会到她骨子里那股公主精神呢？事实上，在现实中，有人是光鲜时的"公主"，却不见得能自信，有人是低微的"使女"时，也不见得能不自卑。在顺境中，大部分人都能保持自尊，但在逆境中，多数人都曾或多或少有这样的感受：觉得别人看不起自己，觉得自己在别人眼中很卑微，很渺小，觉得自己对于整个世界来说似乎是多余的。但其实，真正看不起自己的是自己而已，能夺取一个人自尊的，并不是贫穷、残缺、微小，也不是困难、失败和他人的否定，而是源于内心的自卑。

第一个走上月球的人，可能不懂美术，不会做饭，衣服也洗不干净，走进人群里，他也不过是个普通人，对于浩渺的宇宙世界，他更是渺小的一粒砂。但如果他因此而感到自卑，就不会成为代表全人类跨上地球的第一人，也不会说出这样既自豪又不自傲的名言："这是我个人的一小步，却是人类的一大步。"

我们应该为此感到庆幸。同时，也应该认识到，只有正确评价自己和他人，懂得肯定自己的价值，树立正确的自我情感，才能正确认识自己在社会中的地位和作用，才能在遇到困难时不否定自己，取得成绩前不看轻自己，即使一辈子普普通通，也能客观认识到人生的意义，时刻保持自己的尊严。

远离自卑吧！不要因为一次偶然的挫败就垂头丧气，一蹶不振，甚至彻底否定自己，觉得自己一无是处，窝囊至极。抛弃自卑吧！避免自卑像蛀虫一样吞噬着你的人生，消磨你的激情和自信，毁灭你的尊严。蔑视自卑吧！有生命就不卑微，有尊严就不屈辱，有自己就有价值！

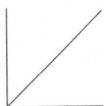

第三章

利用对方眼光重组心灵装置

1. 学会拒绝，承受结果

不会拒绝的人只能走向悲剧

不愿或不敢拒绝别人，究其深层的心理原因，是害怕承担由于拒绝别人而产生的一些不良后果，比如，破坏自己在对方心中的完美形象，惹对方不高兴，以后也遭到对方拒绝，甚至是更糟糕的结果，即为自己带来危险的威胁，等等。受到这种害怕或是恐惧心理的操纵，人渐渐的就丧失了拒绝别人的能力，变成了他人意志的傀儡。

比较典型的例子发生在二战时期。当时，少数几个纳粹士兵就能杀死一个村庄的人的事件并不鲜见。村民就像木偶人一样，战战兢兢地任凭纳粹士兵将他们集中到树林里或别的什么地方进行枪杀，他们甚至十分配合地在纳粹士兵的命令下为自己及自己的家人挖好了将来掩埋尸体的坑。是纳粹士兵人数众多，武器先进吗？是的，纳粹士兵的确手持枪械，但那并非什么厉害武器，一次也只能杀死一个人。在人数上，村民的数量则远远超过了纳粹士兵的数量。不难想象，如果有人反抗，纳粹士兵将会遭遇怎样的命运。可惜的是，所有的人选择了顺从，顺从纳粹士兵的意志，顺从命运，顺从死神。而这一切，不过是因为纳粹士兵说：我要杀死你们，你们必须去死！因为害怕承受拒绝别人所带来的结果，这些可怜的卑微的生命情愿选择顺从地死亡。

在中国也是如此。以南京大屠杀为典型的发生在中国土地上的残忍屠杀事件，抛开侵略者的残忍性不说，我们是否用该好好想想，为什么在双方人数如此悬殊的情况下，人数多的一方会成为受害者？究其原因，恐怕还是因为长期的封建压制下，人们早已忘记了如何拒绝，如何反抗，即使在生死面前，他们也不懂得去跟命运抗争，为自己争取一线生机。难怪鲁迅先生在写到愚昧而孱弱的国民的时候，总会在痛心地"哀其不幸"的同时，遗憾地"怒其不争"。

当然，这是战争时期特有的极端例子。那是不是在和平年代，在普通人身上，是不是就不会发生类似的状况了呢？按理说，现代社会已经是一个相对自由，相对民主的社会了，只要不违反法律和道德，人人皆可按照自己的意愿去生活和工作。然而，在当今职场上，情况却并非那么乐观。

在当下的中国，应该不乏这样的企业：不交保险，不实行双休制度，随时要求员工加班并不支付加班工资，节假日充公，没有福利，员工请任何假都要扣工资、扣全勤，不提供工作餐……这样的企业简直就是"资本主义"和"剥削阶级"的化身。但为什么总有人愿意进这样的企业，在这样的企业里充满怨气却依旧忍受？因为为了得到一份工作，因为不愿意承受失业的后果，因为不懂得反抗来自老板和公司制度的不合理规定，不懂得拒绝不公平的待遇。在这样的企业中工作的人，内心往往聚集中大量的不满情绪，他们会对比其他企业的劳动者，会抱怨公司的制度，会私底下痛骂老板，会对工作充满不满和抗拒情绪，但他们绝不会反抗，顶多是找到更好的机会时选择跳槽。并且，这种不满情绪往往会被他们不自觉地带入到家庭和生活中，进而发展成他们对家庭的不满，对社会的不满。他们觉得家庭和社会压抑着自己，令自己无法自由地生活。渐渐的，他们的人生被顺从和抱怨充斥着，令他们的内心充满焦虑、愤怒等负面情绪。他们再也享受不到工作和生活的乐趣。

很多人也许会认为我是站着说话不腰疼——如果不是生活所迫，谁愿意成为现代骆驼祥子？！

可是，他们真的没有选择的机会吗？事实上，从头到尾他们都有选择的权利和机会，只是他们从来都选择顺从，学不会拒绝。从不懂得拒绝不合理的工作和薪资制度，到不懂得拒绝主管过度施加的工作压力，一些人还会因为工作压力过大选择自杀——他们有自杀的勇气，却没有拒绝的决心——这一切不过是因为不敢面对拒绝带来的后果——被认为不是好员工，得不到晋升，失业，等等。

在当今的中国，经济发展已经到了一定的程度，劳动力也出现了缺乏的状况，天大地大，工作机会还是比较多的，如论如何也不至于把人逼到只能自杀来解决问题的地步——更何况，这并不能真正解决问题。与其说是工作环境、生存状态的逼迫，不如说是内心的懦弱在逼迫他们。他们不懂拒绝，害怕拒绝，放弃人生中无数次自由选择（至少是相对自由）的机会，最后只能将自己带入一个悲剧。

其实结果并没有那么可怕

拒绝别人，真的有这么难吗？拒绝别人带来的后果，真的那么可怕吗？

其实未必。在人的一生中，拒绝和被拒绝，都是再平常不过的事情，人们之所以无法面对拒绝和被拒绝，往往只是因为缺乏一颗平常心。平常心是什么呢？正确对待拒绝与被拒绝，将之"洪水猛兽"的假象威力还原成平常小事。

首先，拒绝可能无处不在。当你面对他人的要求或是求助，总有无法完成、无法帮忙的情况，或者是不愿意做的情况，如果违心地顺从，势必要勉强自己，给自己带来不愉快，或是为难之处。与其如此，不如坦诚拒绝，对方也能够理解。不要认为对方除了你就没有人可以要求或求助了，地球永远不可能缺了谁就不转，如果你有那么大的能耐，也就不必为此事为难了。

其次，拒绝只是一件小事。小孩子不会因为被拒绝买玩具就停止长大，一颗正常的心灵不会因为一两次的拒绝就脆弱不堪，同样的，处于职场中具有成熟心态的成年人，也绝不会因为他人的拒绝就耿耿于怀（倘若真遇到这样的人，则更无须顺从，因为你很可能永远都满足不了对方）。大多数人对于他人的拒绝，或许会有小小的失落，甚至短暂的不快，但一般不会太放在心上。假如不幸真的遇见无法接受他人拒绝而耿耿于怀的人，也要坦然接受，承受结果，因为结果无非是对方对你的评价改变，以后同样拒绝你。但比起顺从自己的心意，遭受一次拒绝又算的了什么呢？

最重要的，是拒绝要讲究方法。

拒绝既要诚恳，又要委婉。不能满足对方的要求，要明确表达出来，并将自己的理由也说出来。但在语气上不要太直接和太僵硬，让对方觉得有失面子。可以从侧面委婉地表达你的为难之处，请求对方的谅解。尤其是对待朋友和有恩与你的人时，更要坦诚，不要因为不好意思而勉强答应，或是拒绝得模棱两可，反而容易引起不必要的麻烦。只要你拒绝的态度诚恳，语气恰当，让对方能够感觉到你的真诚和无能为力，让对方有台阶可下，相信对方也能理解并释然，转而想其他办法。

拒绝要留后路。正所谓"没有永远的朋友，也没有永远的敌人"，拒绝也是如此。一次两次的拒绝，不代表老死不相往来，这次帮不成的忙，合作不了的事，不代表以后永远都没有机会互相帮忙和合作。所以，在拒绝他人的时候，既要清楚地表达自己本次的态度，又不能把话说死，将人彻底得罪。最好是让对方明白，你的拒绝是就事论事，暂时性的，对方才不会迁怒于你。也只有这样的拒绝，才不会令人觉得不好意思。

既然拒绝时为自己留了后路，在下次需要与对方合作或请对方帮忙时，就不要因为不好意思而放弃。职场中的资源是非常珍贵而有限的，一次拒绝就主动断了一个人脉，岂不是太可惜？所以要记得，在下次有机会的时候，主动放下面子，与对方达成新的互助合作关系。

当然，你也可能被对方拒绝。不过话又说回来，拒绝是小事，不必太放在心上，人世间的事循环往复，职场中也是如此。人和人之间，没有永远的不相往来，只有暂时的爱莫能助。

2.不要为难自己

过度顺从他人等于为难自己

心理学方面的分析研究显示，那些经常违背自己的心意，顺从别人的人，其实并不快乐。相反的，他们因为自身的某些需要长期得不到满足，甚至不能正常地表现出自己内心的渴望，内心累积了太多的自我压抑，渐渐的，他们的内心会产生一种自我挫败情绪。这种挫败情绪表现为两方面，一方面责怪自己对别人的顺从，一方面迁怒于人，认为是他人让自己不得不顺从。然而，大多数情况下，个体对他人是无能为力的，因此，更多卑微的个体选择了责怪自己。这样所形成的恶性循环就是：压抑自己，顺从他人——责怪自己，自我挫败——继续压抑自己。说到底，这类人是在不断重复地为难自己。这种为难，有时候是给自己带来短暂的负面情绪，有时候则会在不知不觉中改变自己的人生。

2007年，澳大利亚作家本·希尔斯出版了一本非官方传记，名为《菊花王朝的囚徒》，主角是日本的雅子王妃。上世纪90年代，希尔斯曾任澳大利亚驻日本记者长达三年，由于特殊的身份，他得以经常与日本皇室成员接触，掌握了大量关于日本皇室的第一手资料。并且，他前后对雅子和德仁皇太子的朋友、老师和前同事进行了60多次采访后，之后，他写出雅子王妃从志向远大的外交官之女到"深宫怨妇"的全过程。

雅子的父亲是日本的一名外交官，受父亲的影响，她从小就对外交感兴趣，生活也十分国际化，并且精通英、法、俄、德四国语言。在23岁时，雅子便通过了高难度的外交官统考，成为外务省的实习生，并很快在日本外务省北美洲事务局任职，迅速成长为一颗耀眼的外交新星，可谓前程似锦。她对自己的未来，也做出了美好的设想，打算在外交事业上创造属于自己的一片蓝天。

可是，自从遇见日本皇太子德仁后，雅子的人生便发生了变化。尽管她为了自己的理想，也因为"对皇室生活没有信心"，曾一度选择逃避德仁的追求，但最终还是接受了德仁的求婚。因为德仁诚恳地向她保证过"皇室虽然规矩多，但我会一生一世全力呵护你"，并且美智子皇后也亲自出面劝说雅子，最终成全了这桩皇室婚姻，雅子嫁入日本的现代深宫中。

然而，在现实中，规矩从来就不会向浪漫的爱情妥协，何况是固守传统的日本皇室。雅子也不例外，既然身为皇室中人，就得恪守皇室的繁文缛节，不但不能随意外出（在她入宫后的十多年间，仅仅被允许出访过5次），即使在宫中，也得在几十名侍从和女官的服侍下过着一板一眼的生活。身在皇室的不自由程度，是雅子之前从来没有料到过的。她不但要恪守日本皇室那些过于隆重的礼仪，还得学习乐器。尤其是因为公务繁忙而中断学习招来不少闲言碎语后，她更是感到不堪重负。

最让雅子感到沉重的，还是来自精神上的负担。自从嫁入皇室的那天起，她就必须学习压抑自己的想法，顺从他人的意志，否则就会遭到指责。就连在生孩子这件事上，她都无法顺其自然。关于她怀孕的真假消息总是层出不穷，高居媒体的头版，可见她的肚子有多受关注。待她真的生下一个女儿时，又面临第二胎和"必须生一个男孩儿"的压力……

希尔斯在书中提到，虽然日本宫内厅方面从来没有承认过雅子王妃患有抑郁症，但来自雅子娘家人的信息却揭露出，成为王妃之后，雅子常被病痛缠身，抑郁症以及其他一些病症折磨着这位曾经胸怀大志、性格活泼开朗的女性。雅子也曾因无法忍受毫无身心自由可言的王妃生活，甚至想过离婚或者让太子德仁放弃继承天皇的权利，以重获自由。然而，出生于规矩严苛的日本皇室的德仁，虽然一直公开支持雅子，尽力为她争取宽松一点的舆论和生活空间，却始终不具备足够充分的勇气去冲破皇室的重重枷锁，开历史的先河。在命运面前，他只能带着他心爱的妻子选择顺从……

雅子王妃从志向远大的外交官之女到"深宫怨妇"的过程，令人扼叹，也值得同情。然而，雅子的人生走到这一步，虽然充满了无奈，也有很多的身不由己，但归根到底，人生的道路是她自己选择的，命运掌握在她自己的手中，从本质上来说，她还是自己命运的最大责任人。是什么让她走到今天这一步呢？仅仅是来自皇室的束缚，政客的压力和民众的期望吗？其实不然。令她改变的最本质的东西，还是顺从，违背自己的意愿，不断地为难自己，服从他人的意志——尽管那些"他人"是皇室成员，是政坛巨头，是民众，是太多与她既息息相关又毫无关系的人。

毫无疑问，雅子的故事再次像我们证明，不论是多么优秀多么有抱负的人，一旦过于顺从他人，就会湮灭个体的优秀本质，引导自己走向失败，甚至走向悲剧。

记住，过度顺从他人，就等于为难自己。

跟着自己的心走

我们在职场中，也常常会有"人在江湖，身不由己"的状况出现。很多时候，你必须服从老板的意志，接受上司的领导，甚至是与你同一级别的同事的要求，你都不能全然无视。毕竟，这是一个讲究高度协作的社会，没有人是完全意义上自由的，尤其在职场。

诚然，身在职场，要讲究与他人的沟通与协作，不能一味按照自己的意志行事。但是否所有来自老板、上司的指令和同事的要求，都是合理的呢？比如，不符合你职场发展规划的工作变动，对你来说没有实际成长价值反而耽误时间的冗长培训，同事不愿意做而扔给你的吃力不讨好的工作，客户令你为难的要求，等等。对于这些与本人意愿相违背的要求，如果你都因为不好意思拒绝就选择顺从，势必会既付出了劳动又收获甚微，甚至被误导而离原本的职场规划越来越远。而要想不为难自己，就只有跟着自己的心走。

跟着自己的心走，就要求有独立的、合理的职业规划，并为之坚持下去。

不管是优秀的职场精英，还是普通的无名小卒，都应该有自己的职业规划。也只有拥有了独立的职业规划，你才知道自己想要什么，应该怎么做。

这个职业规划不是为某个职场或者某个他人而设定的，而是为自己量身定制的，它可以让你变得更加优秀，也让你在职场中目标更清晰，发展得更好。一旦出现了与你的职业规划相违背的情况，你会自觉主动去规避，去拒绝，选择对自己有利的方法去处理，而不是一味顺从他人，为难自己。即便是为了大局着想，为了维护集体利益，暂时身不由己而选择了委屈自己，也懂得在以后可以有更好的选择的情况下尽量顺从自己的意志。

跟着自己的心走，就要敢于拒绝，不因不好意思而放弃自己的意愿。

光知道该怎么做，而不去做，或因为不好意思而不坚持，不但没有任何用处，反而令自己更加痛苦——清醒地犯错比糊里糊涂犯错要令人痛苦得多。

当然，我也不主张自私自利，但要明白，一个人维护自己的正当权益，跟自私自利是有本质区别的。在不损害企业和他人利益的前提下，为了维护自己的正当权益而拒绝他人，完全是可以理解的，也是一种自我保护行为和展示各人能力的行为。试问，一个连自己的正当权益都没有能力维护的人，又如何为企业带来利益呢？相反的，勇敢地展示自己才能，该说"不"的时候就果断说"不"，不能答应的事情绝不勉强应承，坚持原则，行为果断，才会为自己在职场赢得一席之地，同时也更好地塑造了自己的职场魅力。

跟着自己的心走，还要选对方法，灵活处理。

跟着自己的心走，当然不等同于我行我素，一意孤行。事实上，在职场上这是行不通的。生活中你可以个性十足，离经叛道。在职场中，过于凸显个性则会使自己处于孤立的地位。那是不是就要掩藏自己的本来面目，忽略自己的要求，泯灭自己的个性，做一个只知贡献不求索取的无公害老好人呢？大可不必。你仍然可以按照自己的心意行事，在尽可能的情况下做对自己有利的事情。需要注意的是，要讲究方法。

同样一件事，同样一席话，在有些人身上就体现得特别妥帖。会做事、会说话的人，并非来者不拒，专门贡献他人，事实上，只要你仔细观察就不难发现，这类人才是真正坚持了自己原则、维护了自己利益的人，只不过，他们总是用笑眯眯的方式解决了别人看起来非常难以做到的拒绝。说这类人圆滑也好，世故也好，他们既没有损害别人的利益，又维护了自己的利益，还不得罪人，将人际关系处理得滴水不漏，说起来，这才是职场高人。而在事业上取得成功的，也往往是这一类人。

不为难自己，是一种人生态度，也是善待自己的前提；跟着自己的心走，是一种处理事情的方式，也是一种智慧的选择；巧妙拒绝，是一种做人的艺术，也是职场成功的基石。想要在职场上取得成功，在人生道路上走得更顺畅，不妨从不为难自己做起——你不为难自己，世界才不会为难你。

3.超越自我的认识

你真的了解自己吗?

我们总以为,我们本身是最了解自己的那个人。我们与自己朝夕相处,能看到自己的内心世界,那些不为人知的思想活动、小心思、小秘密,都被我们自己一览无余。我们满以为对自己无所不知,我们所有的能力,所有的特长,所有的弱点,都被自己了如指掌。我们能做什么,不擅长做什么,缺乏什么经验,不可能成为什么样的人,我们都心知肚明。

但事实上,情况远远不是这个样子。

物理学家福尔顿在研究工作中测量出固体氦的热传导度。由于他运用了一个新的测量方法,测出的结果比按传统理论计算的数字要足足高出500倍。福尔顿的第一感觉是这个差距实在太大了,几乎不可能,如果公布了它,不但得不到他人的认可,恐怕还会被人视为故意标新立异、哗众取宠。所以,他就没有声张。不久之后,美国一位年轻的科学家也在实验过程中测出了固体氦的热传导度,测出的结果同福尔顿测出的完全一样。这位年轻科学家欣喜若狂,不暇思索地公布了自己的测量结果。很快,这个结果在科技界引起了广泛关注,美国那位年轻的科学家也因此名扬天下,成为物理学界的一颗备受关注的新星。此事令福尔顿追悔莫及，他想：如果当时我摘掉名为"习惯"的帽子，而戴上"创新"的帽子，那个年轻人就绝不可能抢走我的荣誉。福尔顿的所谓"习惯的帽子"，其背后的心理，其实正是不好意思心理。

一个"不好意思"，让一个伟大的科学家与成功和荣誉失之交臂。职场中，何尝没有这样的人呢？

在面试中，常听到面试者这样"坦言："我没有学历"，"我学的不是这个"，"我不具备这方面的天赋"，等等。我们自己也会接受这样的观念：人的精力和时间是有限的，我们没有那么多的资源用于学习，没有那么多的机会获得丰富的工作经验。人的天赋更是可遇不可求的，我天生就不是这块料，肯定干不好这事。

当我们拥有当众表现的机会时，不是踊跃而上，而是常常不由自主地躲避，主动放弃眼前的大好机会，因为内心的不好意思在作祟，它让我们觉得当众表现是让人紧张的、献丑的、尴尬的事情，为了不出丑，最好的办法就是放弃。当我们面临工作任务的时候，常常不自觉地躲避，因为担心做不好事情会丢人，会让上司失望，令同事笑话，会失去自己在职场中原本安逸稳定的地位。当我们与新客户接触时，常常有些无从下手，怯于表达，因为害怕对方是一个高高在上、不通情达理的人，担心自己的资源级别达不到对方的要求，怕被拒绝，被否定，怕自己满怀希望的合作化为泡影。

日复一日，我们带着自认为身无长处、缺乏天赋、不够聪明、不够优秀的自己，以最不起眼的姿态和心态走向职场，打算应付掉这一天的工作和生活。直到有一天，我们通过自己的努力，取得了对自己来说是突破性的成绩的时候，才会讶然发现：原来我也可以如此优秀！但是，你不知道的是，你一直都可以这么优秀，只不过，你潜在的优秀被你的自卑感掩盖和否定了。你自以为对自己了解得足够透彻、足够细致了，但很多时候，你也不过是自己的陌生人。

你远比自己想的要优秀

既然我们并不了解自己，就必须早一点认识自己。认识自己的自卑和胆怯，意识到内心的恐惧，承认自己的闭关自守和安于现状，也就找到了不好意思的发源地，从而有的放矢消灭它。不但如此，我们还要超越自我的认识，将自己放在一个新的高度去重新审视，以此激发自己的潜能。

老子在《道德经》里说道："知人者智，自知者明；胜人者力，自胜者强。"意思是：能透切了解对方的，是智者，能正确认识自己，是明者；能取胜他人的，才是有力量，能战胜自己的，才是强者。老子所说的"自知"和"自胜"，其实就是"认识自我，超越自我"。然而，"自知"和"自胜"说起来只有简短的四个字，做起来却并不容易。

自知，要求我们必须充分认识到自己的优点和缺点，了解自己的个性与天赋，明白自己的长处和短板。最重要的是，在坦然接受缺点和短板的同时，不能妄自菲薄，不随意放大它们，更不能将它们交给自卑来主宰。发展优势，控制弱势，顺强补弱，正确规划自己的人生发展，就一定能在某个领域发挥出自身最大的价值。

自知，还要求我们要自信，敢于肯定自己，相信自己的能力。每个人都有优点和缺点，不自信的人用缺点否定优点，自信的人既坦然面对缺点，又懂得珍惜优点、发挥优点。每个人的能力都体现在不同的方面，不自信的人拿不擅长的事去跟别人擅长的事比，自信的人懂得扬长避短，将自己的能力最大化发挥出来。

自胜，则要求我们在充分认识自己的基础上，超越这个认识，将自己更优秀、更美好的一面激发出来，从而使自我拔高到一个更高的高度，也就是超越自我。

"疯狂英语"的发明者李阳曾在接受采访时回顾了自己的职业生涯。他出生在一个普通家庭,中学的学习状况不很理想,曾经是一个性格内向、十分不愿与人打交道的人,他甚至希望自己长大后从事的工作不再需要与其他人打交道。

初三那年他曾到医院去治疗鼻炎,医生放好电疗工具后就离开了。没想到的是,设备漏电了,触电的李阳感到钻心地疼痛,然而,他就是不好意思喊出来,结果白白挨了一顿电击,脸上还因此留下了伤疤。高三期间,他多次失去学习的信心,萌生过退学的念头,最终在父母的帮助下,勉强考入兰州大学工程力学系学习。进入大学后,状况并没有好转,他仍然是班上的后进生,大二那年还创造过13门功课不及格的记录。多次补考让他觉得颜面尽失,几乎不好意思见人。

后来,李阳决心以英语为突破口,找回自信。于是,他天天跑到校园的空旷无人之处大声"喊"英语,将平时不好意思大声说话的那个自己通过英语喊出来。还想出两个办法督促自己坚持下去:一是告诉很多同学自己要每天坚持学英语、"喊"英语;二是邀请班上学习最认真的一位同学陪他一起大"喊"英语。这样,他就没有退路了,因为众目睽睽之下退缩,会让他觉得更不好意思。几个月的努力过去了,李阳发现自己居然可以自如地复述10多本英文原版书,还背熟了大量四级考题,听说能力更是不知不觉大步飞跃。更重要的是,他突然对自己充满了信心,不再害怕与人交往,不再害怕当众表达,更不会莫名其妙觉得别扭和不好意思,相反的,他看到了自己身上的闪光点,那是别人身上不具备的光芒。

无独有偶,新东方的创始人俞敏洪也经历过超越自我认识的过程。由于特殊的学习经历,俞敏洪经历了两次高考的失败,直到第三次高考才考上他梦寐以求的北京大学。前两次高考他都是"死"在英语上，直到成为北京大学西语系的学生，他还因为英语不好而被调入了"语音语调及听力障碍班"。但是，他没有因此放弃，经过持续不断的努力，他不但能说一口流利的英语，还用英语建立起了令那些"比他聪明"的同学想都不敢想的英语王国——新东方。

回想起当年因办培训而受到北大的处分而黯然离开的往事，俞敏洪说，"北大踹了我一脚。当时我充满了怨恨，现在充满了感激。如果一直混下去，现在可能是北大英语系的一个副教授。"正是由于虽然迈进而立之年却不消沉放弃，也不对命运逆来顺受的勇气，引领俞敏洪走向了人生的分水岭，超越了一个平凡人对自己的能力的认识，成为了20世纪影响中国的25位企业家之一。

一个人最大的敌人不是别人，恰恰是自己。人一生的主要任务，不是要去与别人较劲，而应该是一个认识自我，超越自我的过程。在这个过程中，你不断认识自己，了解自己，发现自己的能力，挖掘自己的潜能，直到不断超越之前的自己，遇见全新的自己。在这个过程中，所有的自卑被不经意地一扫而光，所有的不好意思都显得多余，你所能看到的，除了自信满满的自己，还有面前一座又一座等待你去征服的高峰——全新的高度和挑战，全新的收获与成就。

4.架子不等于权威

架子是虚张声势

生活中总不难看见这样的人：说话、走路、做事，都喜欢装腔作势，努力让自己显得优于旁人、胜于旁人，一副"我的高度跟你们这些人不一样"的样子。如果是出身的学校稍有名气，曾在具有一定规模的企业就职过，甚至只是在一个更加繁华的城市待过，他们则更加觉得自己具有炫耀的资本"，对同事甚至是上司更加不屑一顾。这样的人，开始还能唬弄一些不知底细的人。等到相处的时间一长，大家便知道了他的底细。毕竟，在职场中，更加讲究的是工作能力，而不是出身。而这类人恰恰是没有真本事的，才十分注重自己的架子。在工作中，他们往往挑肥拣瘦，辛苦的活不愿意干，简单的活不屑于干，轻松的活看心情干，复杂的活干不好。最可恶的是他们从来不会承认自己能力有限，而是想方设法找借口，不是"我没学过这个专业"，就是"公司的条件不好"，或是"团队的合作能力太差了，影响了我的发挥"，等等。久而久之，人们便摸清了他们的底细，知道他们是属于架子大、本事小的一类人，渐渐也就不再高看他们，甚至懒得理睬他们。

既然架子那么经不起时间的考验，为什么仍然有那么多人热衷于摆架子呢？我们先来了解一下架子背后的心理因素。

众所周知，日本有一项很受欢迎的运动，名叫"相扑"。其实，"相扑"运动源于我过古代，后来传到日本，才被日本人发扬发展，并成为他们国家一项有特色的体育项目，引起全世界的兴趣。相扑比赛是在两位体重几百斤以上的大胖子之间进行的。比赛开始后，两个肥胖的大块头，光着身子（只有下身处挂了一片布条子），双脚叉开，腰稍稍地弯着，仰头瞠目，虎视眈眈地狠盯着对方，还没动手，架势就已经很吓人了。正因为这样，我国古代书籍中借它来比喻装腔作势显威风，后来特指自高自大，为显示身份而装腔作势，高高在上的冷漠态度，目中无人的藐视目光，以及爱理不理的官腔，动辄训人的蛮横专断态度，等等。这种种行为背后的心理根源，其实还是没有真才实学，感到心虚，

企图用"架子"抬高自己，以掩饰内心的不好意思。说到底，还是不好意思的心理在作怪。

正如越没道理的泼妇叫骂声越凶，职位越低的官员官架子越足，职场中，那些本事不够硬，工作能力不够强的人，往往更喜欢宣扬自己在这方面那方面很厉害，甚至吹得神乎其神，生怕被人当做凡人。若要真让他们身担重任，其结果还真令人担忧。《三国演义》当中的马稷，便是个典型的例子。

蜀后主建兴六年（公元228年），诸葛亮发动了一场北伐曹魏的战争。这是为实现统一大业做出的重要一步。出师后，诸葛亮与司马懿在街亭对战，马谡自告奋勇要出兵守街亭。马稷这个人呢，虽然不是一无是处，但才能也不见得突出，更要命的是他比较自负，总认为自己是天下奇才。诸葛亮心中并非全无担心，但马稷信誓旦旦，言辞凿凿，还主动立下军令状，诸葛亮最后还是赌了一把，决定给这个年轻人一个机会，说不定他真的是个奇才，只是以前没用机会展示而已呢。临行前，诸葛亮再三嘱咐马谡："街亭虽小，

关系重大。它是通往汉中的咽喉。如果失掉街亭，我军必败。"并具体指示让他"靠山近水安营扎寨，谨慎小心，不得有误"。为了保险起见，诸葛亮派王平将军随行，防止马谡判断失误，一意孤行。马谡一一答应。

然而，军队到了街亭，马谡却把诸葛亮的话抛在了九霄云外。他骄傲轻敌，自作主张地要将大军部署在远离水源的街亭山上。副将王平提出："街亭一无水源，二无粮道，若魏军围困街亭，切断水源，断绝粮道，蜀军则不战自溃。请主将遵令履法，依山傍水，巧布精兵。"谁知马谡不但不听劝阻，反而自信地说："马谡通晓兵法，世人皆知，连丞相有时得请教于我，而你王平生长戎旅，手不能书，知何兵法？"架子摆得十足，一副天下唯我独有才能的样子，还洋洋自得地说："居高临下，势如破竹，置死地而后生，这是兵家常识，我将大军布于山上，使之绝无反顾，这正是致胜之秘诀。"王平看出如此布兵的危险之处，再次谏阻，马谡认为王平不把他放在眼里，顿时火冒三丈，说道："丞相委任我为主将，部队指挥我负全责。如若兵败，我甘愿革职斩首，绝不怨怒于你。"王平劝阻无效，只得眼睁睁看着马谡将大军布于山上。结果，等到司马懿派兵进攻街亭，围兵在山下切断粮食及水的供应，马谡顿时一败涂地，失守重要据点街亭，继而被诸葛亮斩杀。但是，这仍然挽救不了蜀军，街亭失守，战局骤变，诸葛亮只好退回汉中。整个战争局面由此改变。

马谡之死也证明，喜欢摆架子的人，大都是在虚张声势，而且百害而无一利。有时候，职场也如战场，把架子高高摆起，虽然不至于送命，却也没什么好处，轻则不受大家欢迎，重则在工作中犯错，白白浪费机会，损失企业利益。这种毫无用处反而有害的架子，何必去摆呢？这种空有其表毫无威力的声势，何必要大肆虚涨呢？

第三章 利用对方眼光重组心灵装置

87

真正的强者不需要架子

曾看到过这样一则寓言故事：一个人去买鹦鹉，看到一只鹦鹉前面的标牌上有一行字：此鹦鹉会两门语言，售价二百元。旁边另一只鹦鹉前面的标牌上则写道：此鹦鹉会四门语言，售价四百元。买鹦鹉的人犹豫了：这两只鹦鹉都毛色光鲜，灵活可爱，能说会道，到底买哪只更划算呢？一时决定不下，于是这人继续转悠，结果发现了第三只鹦鹉。这只鹦鹉已经老得掉了牙，毛色也暗淡散乱，看上去没什么灵气。但是，它面前的标价牌却赫然写着：售价八百元。这人百思不得其解，赶紧问老板：这只鹦鹉难道会说八门语言？谁知店主摇摇头说：不。这人就更觉得奇怪了：这只鹦鹉看上去又老又丑，既然又没有能力，凭什么值这个价呢？店主回答：因为另外两只鹦鹉叫这只鹦鹉老板。

这则寓言想要告诉我们的是，真正的领导者，不一定是能力超强的人，而是懂得谦虚低调、善于珍惜和团结比自己更强的力量，从而提升自己的身价。而真正有身价的人，也无需大肆张扬，即使毫不起眼，该拥有的价值还是一分不会少。

恩格斯正是这样一位伟大的智者。恩格斯天生聪颖，家境又不错，20出头就精通26国语言，激动时还会用20国语言结结巴巴地骂人。就是这么一个天才，在学术上，却甘愿一生笼罩在马克思的阴影之下，当他的助手，竭尽尽力支持马克思，最后成就了伟大的马克思主义。恩格斯的一生毫无价值吗？是他太低调太不会摆架子，才令自己被马克思的光环掩盖了吗？恰恰相反，如果恩格斯是一个喜欢摆架子、出风头、高高在上的人，又怎么能够成就伟大的马克思主义呢？若他在与马克思的合作中，没事就摆摆架子，抢抢风头，很难想象世人还能不能得到马克思主义的精神财富，也没人会记得恩格斯这个人物吧？所以说，有时候，甘当绿叶，也是成就自己的大好机会。

我国民间还有句流传甚广的俗话，"骡马大了值钱，人大了不值钱"。这句话其实是告诫人们做人做事不要摆架子。王选先生便是一个不会摆架子的人。

王选先生被誉为"中国激光照排之父"、"当代毕昇"、"中国自主创新第一人"等，是享誉海内外的著名科学家，第十届全国政协副主席，九三学社中央副主席，先后获得九项中国和欧洲专利。这样的成就，用古代的话来说，那就是功高位重。但正是这样一位可以理直气壮摆架子的人，恰恰十分谦和质朴，说话做事从不盛气凌人，显出高人一等的样子。他有句话说得好，"'伏枥老骥'最好用'扶植新秀，甘做人梯'的精神实现自己'志在千里'的雄心壮志。今后衡量我贡献大小的一个重要指标，就是发现了多少年轻才俊。"事实上他也是这样去践行的。王选先生的作风，岂不足以让那些心虚腹空摆架子的人汗颜？

这些成就不凡的人尚且如此，我等职场中的普通人，有又什么资本和理由来摆架子？又能摆出什么架子？

真正的强者不需要架子，谦逊更显自信优雅；假装的强者架子是空的，夸夸其谈只会显示虚荣和心虚。职场中人，只有放下架子，力戒虚荣心，才能够找准自己的位置，让心静下来，以平常心在职场中为人处世，对待工作。其实，企业和老板以及同事最需要的，恰恰是这样"甘于平凡"的人，而不是架子摆得又高又漂亮的空谈家们。

5.信念使价值重生

人必须有信念

说起信念，可能很多人都会觉得我是老生常谈而发笑——这又不是战争年代，有必要弄得跟董存瑞、邱少云似的吗？我想，这些人可能对信念的理解过于片面和狭窄了。信念并非单单是战争年代的高举拳头勇于赴死，坚信"新中国必胜"，也绝不仅仅局限于胸怀鸿鹄之志坚韧不拔地奋斗，更非只有伟人和英雄人物才拥有。事实上，信念是每个人都可能拥有而且应该拥有的一种意志，不论是烽火年代的革命战士，还是和平年代的凡夫俗子，不论是伟人英雄，还是贩夫走卒。

从心理学上来讲，信念是意志行为的基础，是个体动机目标与其整体长远目标相互的统一。没有信念的人，就不会有意志，更不会有积极主动的行为。信念是一种心理动能，能通过意志激发一个人潜在的精力、体力、智力和其它各种能力，使人用行动实现自己的愿望，取得成功。

美国有个名叫亨利的年轻人，不但个子矮，长相平淡无奇，甚至连自己的身世也不知道。他的性格也十分消沉悲观，年届三十了仍然一事无成，整天坐在办公室里唉声叹气。有一天，他的好友为了鼓励他，兴高采烈地拿着一本杂志对他说："亨利，我看到一份杂志，上面有一篇文章讲的是拿破仑的一个私生子流落到美国，而他独生子的特征几乎和你一样：个子很矮，讲的是一口带有法国口音的英语……"亨利一听此话，半信半疑地盯着朋友看了半天，见朋友表情严肃，不像是逗他的，便从朋友手中接过那本杂志，对着那篇文章研究了半天，最后终于相信自己就是拿破仑的孙子。

从此以后，亨利对自己的看法竟然完全改变了。他不再对自己矮小的个子感到自卑，反而欣赏起自己的这个特点："个子矮算什么！当年我爷爷就是以这个形象指挥千军万马的！"他不再对自己不太流利的英语耿耿于怀，转而以能讲一口带有法国口音的英语而感到自豪。他不再一遇到困难就怨天尤人，迅速退缩投降，而是鼓励自己："在拿破仑的字典里没有'难'这个字！"就这样，凭着自己是拿破仑孙子的信念，亨利克服了一个又一个困难，不断地进步，不断地挑战全新的高度。仅仅用了三年的时间，他便成为一家大公司的总裁，也成为了令人敬仰的上司或者对手。

后来，亨利派人调查自己的身世，结果证明，他跟拿破仑半点关系也没有。但他已经一点都不介意，而是释然地说："现在，我是不是拿破仑的孙子已经不重要了，重要的是，我懂得了一个成功的秘诀，那就是：当我相信时，它就会发生！"

可见，信念不但能拯救一个意志消沉、不求进取的人，还能激发他的极大潜能，使一个人脱胎换骨，由无名小卒变成职场上的精兵强将。可见信念的力量有多强大。

我也遇到过一个关于信念的故事。故事的主人公是一个普通人，不普通的是他的身材异常矮小，以至于大家都把他当"怪物"来看待，连陌生人都要对他多看几眼，并加以指指点点。在这样的情况下，可见他心里的自卑有多深。沉浸在身体缺陷的阴影里的他，有一次还不幸遭到了老师的打击。那是在课堂上，以为新来的老师在进入教室后，班长照例大声地喊：起立！大家都站了起来，他也不例外。然而，这位老师并没有像其他老师那样，立即请同学们坐下来，而是在寂静的教室里死死地盯着他，突然严厉地喊道："站起来，刚入学就这种态度，不行！"同学们左右看看，都没有发现谁还在坐在，有些莫名其妙。老师耐不住了，走下讲台，径直走到他的座位旁，刚想拽他起来，却发现他原本就是站着的，只是因为个子实在太矮，让老师误以为他坐在凳子上向他示威。老师立即露出愧疚的眼神，但同学们已经毫不客气地哄堂大笑，目光全都聚集在原本就怕受人关注的他身上。他感觉自己在一瞬间被无数嘲弄、鄙视的眼神射得万箭穿心，恨不得立即死去。

当然，他没有真的去死，只是变得愈加的自卑，彻底封闭了自己，认为人生除了痛苦什么也没有。接下来，原本优异的成绩一落千丈，整个人委靡不振，整日不言不语地发呆，直到亨利的故事唤醒了他。他意识到，信念是帮助他走出困境的唯一救命稻草，于是紧紧抓住了它。他用亨利的成功鼓励自己，振作起来，终于挽救了自己。

如今，他已经拥有了一份不错的工作，家庭也十分美满，给我讲完亨利和他自己的故事时，他感叹道：假如没有信念，我真不知道自己会变成什么样子，也许，早在少年时期就没有生活下去的勇气了吧！

诚然，不能说有了信念就什么困难都没有了，信念并不是万能的，无法保证一个人能做成所有的事情。但如果没有信念，一个人就没有方向，也没有动力，则势必什么事也做不成。亨利因为心中有一个信念，坚信拿破仑的孙子能像拿破仑一样，天生具有英雄的血统，能克服任何困难，所以他才有了成功。而我的朋友，则从亨利的故事中看到了一个信念，那就是身体的缺陷并不能阻止成功，任何人都可以通过自己的努力取得骄人的成绩。信念使他们努力去拼搏，终于挣破了命运的枷锁。

如何借助信念重塑自己的价值

众所周知，从平面几何角度来看，"两点之间直线距离最短"。但生活和工作可没有那么简单。每个人生活和成长的环境背景各自不同，心理上自然会有多多少少的对抗和消沉因素，精神上的迷茫、惆怅在所难免。这时候，人就像在登山，能登多高或是否能攀上巅峰，完全取决于心中是否有登顶的信念，以及坚守信念时间的长短。否则，即时是一个小小的土堆也能被他视为万丈高峰般难以攀登。

心理学家表明：人的行为受信念支配。你想取得怎样的成绩，关键在于你的信念。信念，拆开来理解就是——信是人言，人说的话；念是今天的心。两个字合起来就是今天我在心里对自己说的话。而且这个话必须是积极的，正面的，能够给你带来源源不断的正能量的。若一个人在心里老是不停地埋怨自己，否定自己，这就不叫信念，而叫自我摧残，这样的话念得越多，反作用就越多，终会带人走向失败。相反，若一个人在心里不断地鼓励自己，肯定自己，那他在人生中获得成功的机会就越大。

可见，懂得信念的重要性，还得使自己拥有信念，善于利用信念激励自己。

拥有信念相对比较容易。书籍、电视、报纸、网络中，都不乏关于信念的例子。比如，地震中靠信念支撑着生命的人，沙漠里靠信念走出困境的人，极限挑战中凭信念创造新纪录的人，生活中遇到困境不屈不挠的人，病魔前面用信念重获健康的人……这些故事都有一个共同点：人们处在困境甚至绝境中没有被吞没，全因心中有一股信念在支撑着。而支撑他们的信念也各自不同，有的是对生命的渴望，有的是对生活的热爱，有的是对家人的责任，有的是对理想的执着……总之，一切能激发他们耐力、勇气、潜能的意志，都可以成为他们的信念。

你呢？你最渴望的是什么？最想实现怎样的愿望？最想获得怎样的成功？在职场上，你有怎样的理想？有什么样的成功人士在激励着你？这些，都可以成为支撑你努力奋斗的信念。

当然，仅仅是拥有信念是远远不够的，要想让信念真正发挥作用，还离不开你至始自终的坚持。信念不是兴趣爱好，今天喜欢就摆弄几下，明天不喜欢了就抛弃。信念应该像影子一样与你同在。当你遇到困难时，可以默念信念鼓励自己；当你感到懈怠时，记得用信念督促自己；当你取得成就时，不妨在心中感谢你的信念。

记得，时时铭记，多多重复，努力践行，坚持不懈，信念就会在你心中生根发芽，开花结果，最后为你带来职场上、人生中的累累硕果，让你重新找回自己的价值，并活动新的价值。记住亨利的话——当我相信时，它就会发生！

6. 不做无谓的表演

过度的表演是一种哗众取宠

　　生活中有一种人，他们很在意别人对他们的看法与评价，十分渴望获得别人的关注，总是担心成为不受关注的无名小卒，总是害怕自己身上的优点、长处不为人所知，害怕被视为平常人，害怕被遗忘。于是，他们不停地表演。他们说话是为了给别人听，做事是为了给别人看，当然，说话做事背后的动机，还是获得别人的关注和肯定，或是赞赏，哪怕只是博人一笑，他们也觉得自己受到了重视，价值得到了体现。他们不是演员，却无时无刻不在表演。因为太在意别人的评价，演着演着，他们就弄丢了自己。

　　不要急着鄙视和怜悯这样的人，因为在生活和工作中，不经意间，我们也可能成为这样的人。

　　心理学上认为，每个人的内心都有受到关注的渴望，尤其是那些在童年时期缺少他人关注和关心的人，很可能终其一生都在企图弥补内心的失落，而他们弥补的方式，就是通过一些有意无意的表演，获得别人的关注，哪怕那种关注并非都是正面的评价。

　　这种心理当然也会影响一个人在职场中的行为。因此在职场中，我们总不难发现，有些人热衷于出风头，越是能让他们获得别人关注的事，他们越去抢着干；有些人喜欢说大话，吹大牛，有的没的都敢编，不将自己编成一个传奇不罢休；有些人耐不住寂寞，那种需要耐心和踏实来对待的工作，对他们来说就如同炼狱，他们害怕自己因此被遗忘；还有些人工作上取得一点点成就就开始大肆显扬，唯恐天下不知。

既然那么努力去获取别人的关注，那么，这类人真的会如愿以偿吗？我们先来看一个故事。

美国著名的作家海明威先生本是一个很随和的人，但是，对待那些没有才能却喜欢油嘴滑舌的作家，他却厌恶至极，并且表现得毫不客气。在他凭借《老人与海》一书荣获诺贝尔奖之后，有一次参加一个宴会，在宴会上，他遇到一个夸夸其谈、哗众取宠的作家，整个晚上都在企图受到大家的夸赞，更渴望受到海明威先生的赞赏。他不断找机会与海明威搭讪、聊天，虽然海明威几次借故避开，仍然被缠得无法脱身。最后，那位作家干脆直截了当地表达自己的心愿，他说："我一直想为你写一篇传记，希望在你死后我能独家获得撰写你传记的荣耀。"谁知，海明威不但没有如那位作家的愿答应他的要求，并对他肯定一番，还毫不客气地对他说："我既然知道你要写我的传记，我就不得不设法活下去了。"

海明威之所以如此不给对方面子，恐怕也是因为一眼看穿了对方——他根本不是诚心诚意为海明威写传记，只是企图以此获得更多的关注，得到更多的荣誉。试问，一个只追求表面的荣誉，性格浮夸，又带着如此功利目的的人，又怎么能静下心来将一件需要耐心和真本事的事情做好呢？

可见，喜欢表演、哗众取宠的人，不但不能如愿以偿得到大家的喜欢，反而会惹人生厌。

在职场中，这类人也不外这样的待遇。他们在工作中，不好好坚守岗位，却喜欢到处吹牛打听，上串下跳，尤其是在老板和上司面前，更是表现得积极活跃，一心想引起注意，得到重用。而在同事面前，他们又不干实事，整日浮夸，将工作推给别人，认为那些需要踏踏实实完成的工作都是别人的任务，自己只要凭借聪明装装样子就可以混得比别人好。孰不知，一个员工的表现都被老板和上司看在眼里，是水晶还是玻璃，稍加观察便可分辨，即使它们一样透明闪亮。而整日朝夕相处的同事，更是早早便将这类人看透，在竞争激烈的职场，没有人愿意与浮躁的人合作，也没有人愿意花时间去看别人那些无谓的表演。最后，这类人的表演，自然成了独角戏，不再有观众，也不可能有掌声。最后的最后，孤独和失落依旧如影随形。

避免无谓的表演

前面我们说过，每个人的心中或许都住着一种渴望，那就是期待得到别人的关注和肯定，获得心理上的满足。在这种心理动机下，人们不知不觉会采取一些浮夸的言行迎合他人，以博取他人的好感或拥护。虽然这种行为不值得提倡，我们也经常鄙视这种行为，但在不知不觉中，我们自身也难免受心理动机的驱使做出类似的行为，在不自觉中参与了这种无谓的表演中。因此，我们应该主动避免这种行为。

不做无谓的表演，首先就要做到有目标，有依托。无谓的表演，往往发生在无所事事、百无聊赖的人身上，他们没有自己的清晰的目标，不知道怎么去努力，又不愿意被冷落，不甘寂寞，很容易就选择了一些毫无意义的事情来博取别人的关注。而一个拥有自己的目标的人，只会集中精力朝着目标去努力，哪里还有空闲表演给别人看呢？

不做无谓的表演，必须有才能。我们这里所说的才能，并非都是惊天动地的大才干，而是指一个人一定要有自己的特长和能力，能够在职场中具备核心竞争力。也只有这样，才不会担心成为可有可无的无名小卒。而如果没有一定的能力，就只能滥竽充数，人云亦云，对别人的行为指指点点，不懂得反思自己。

不做无谓的表演，还要做到不过分强调自己。每个人都想成为世界的中心，但很显然，没有任何人能够成为世界的中心，即使是乔布斯这样的人物，也难以做到。所以，得不到所有人的关注，是一种必然的现象，没有必要太在意，更没有必要不停地强调自己的存在。即使自己有才能，也无需过度张扬，要知道，"好花不用扬，风吹自来香。"

最后，需要强调的是，我们提倡不做无谓的表演，并不是告诉大家不表现自己。正常地展示自己的才能和无谓的表演，是有本质区别的。

职场中还有这样一批勇敢者，为企业、为集体的利益勇于表现自己，希望通过自己的才能得到他人的认可，为企业创造利益，这是值得称赞的行为。尤其是随着主体意识和竞争意识的增强，不少人已经摆脱了"不好意思"的束缚，解放了思想，勇于展现出自己的才能。他们不吃老一套，不怕来自别人的否定声，大大方方地展示出自己的能力，坦坦荡荡地在工作中表现自己，这更加值得我们的肯定，也会得到他人的赞善。更有一些人，为了维护自己的正当利益，因为一元钱纠纷走上法庭，讨个说法，不去管是否被骂为"哗众取宠"，他们心中所想的，只是维护法律的权威；有些学者，为了传承古老文化，不惜奔走他乡、周游列国，来一场文化苦旅，不去管是否被骂为"作秀"，他们所想的，只是好好保护逐渐被人遗忘的人类精神财富；还有一些人，为了体验长征精神，发扬革命精神，召集志愿者步行万里，风餐露宿，历尽千难万苦，不去管是否被骂为"没事找事"，他们所想的，只是将一种信念传播给大家；还有那些为了维护弱势群体的权益的人，不拘泥于自己的小天地，放开眼界关注民生，扶贫济困，不去管是否被骂为

"伪善"，他们所想的，只是为别人做一点事，多做一点事……这些，都是一种不图私利的行为，他们只是想使自己的思想艺术、主体理念、权利理念得到正当的发挥，这也是一种对国家、对社会的责任意识，与纯粹地表演给他人给社会看，有着本质的区别，不但不应该批评和否定他们，反而要大力提倡，尽可能身体力行参与进去。

作为职场中的普通一员，也要做到该为企业贡献的时候就挺身而出，不要吝惜自己的劳动和辛苦，不要计较自己付出的努力是否有人看到，是否能得到别人的肯定，是否能让自己升职加薪。就像王选先生说过的一句话："一心想得诺贝尔奖的，得不到诺贝尔奖。不要急于满口袋，先要满脑袋，满脑袋的人，最终也会满口袋。"

7. 不做"礼尚往来"的奴隶

送礼，职场避不开的规则？

中国人好客尚礼，古来有之，亲朋好友之间走动，从来没有空着手的，更别提"你家娶媳妇""我家嫁女儿"这等喜事。每逢重要的节日，或者遇到亲朋好友之间有婚丧嫁娶之事，国人无不以红包表心意。朋友够不够意思，亲戚够不够情义，邻居够不够和睦，同事够不够"上路子"，红包及红包的厚度逐渐成为重要的衡量标准。

渐渐地，职场上也形成了"往来有红包，登门必送礼"的恶习，原本只是点头之交的同事之间，也主动被动地陷入了"礼尚往来"的怪圈中。且随着社会经济的发展，人们之间往来的礼物越来越贵重，越来越呈现出单一的衡量标准，"礼轻情意重，千里送鹅毛"的美谈，渐渐退化成一个传奇，定格在遥远的唐朝，人们所看到的现实是，关系靠送礼，往来唯礼金。

然而，红包的真正意义，却越来越不为人所知。

送红包和收红包是中华民族历来的传统习俗，随着文化的演变，红包文化也不断演变，到如今，大概有一下几个普遍的意义：一是长辈表达对晚辈的关爱和祝福；二是婚嫁喜庆有喜当贺的礼仪，以及亲友间互相馈赠和祝福的方式；三是出自内心感戴之情的酬谢。红包的主要意义在于象征好运的红纸，而非里面的钱，更非人们之间维持良好关系的敲门砖和必须品。

然而纵观当代社会，注重意义的越来越少，注重"内容"的越来越多，收到"红色罚款单"而不得不掏红包的人，也因为经济上的负担而有意无意间多了几分无奈，少了一些衷心。最后，送礼的人已经不知道自己送的是礼还是情，收礼的人虽然一时荷包鼓鼓，心满意足，但这本人情帐，迟早都要一一清还。如果大家都功利地只为面子打红包、收红包，当这些红包来来去去"对了帐"，人与人之间，还剩下些什么呢？

尤其是职场中人，有些人平时原本不过是点头之交，连朋友也算不上，除了工作上的接触，别无其他往来。一日莫名其妙收到一张请帖，需要带着自己一天甚至几天的工资收入，去跟一群不认识的人，吃一顿看似热闹其实很无聊的饭，那种心情可想而知。出红包和收红包者的关系，也未必因此得到改善，假如工作上没有太多的接触，志趣上也无多少相投之处，该是点头之交还是点头之交。不同的是，总有人记住了一件事——某某收过我的红包，我却没有得到他的半点好处。

那么，送礼，真的就是职场上避不开的规则吗？不送礼就会得罪领导，得不到晋升的机会？不送礼就无法维持良好的同事关系，影响与同事之间的工作协调关系？不送礼就会被当成"小气鬼"、"怪人"，被孤立起来？

依情而定，拒绝只为面子的物质往来

其实，我看未必。既然送礼未必是自己情愿，为什么一些表面化的人情往来依旧你来我往，愈演愈烈呢？细究之下，还是"不好意思"惹的祸。收到点头之交的熟人的请帖，不好意思不送礼；一旦送了礼，又不好意思太少；去了张三家，李四办喜事时不好意思不去；同事都有所表示，自己不

"意思一下"说不过去……如此下去，实在是个无底洞，表面一派融洽和乐，私下却难免抱怨红包出得太多，恨不得找个借口也办一场喜事将红包悉数赚回。

但，真的只能这样吗？先来看一个典故吧！

唐朝贞观年间，大唐的藩国回纥国派使者缅伯高前来大唐拜见，表达友好之意，并携带了一批珍奇异宝要进献唐太宗，其中包括一只罕见的珍禽——白天鹅。

其他的宝贝虽然珍贵，只要小心呵护，却也并无大碍，唯独那只白天鹅，尽管缅伯高万分小心地呵护，还是出了纰漏——他们走到沔阳河边，给白天鹅喂水的时候，发现以姿态优雅出名的白天鹅此时在笼子里伸长脖子，张着嘴巴，吃力地喘息着。缅伯高一时担心和不忍，便打开笼子放出白天鹅，让它暂时自由地喝点水，活动一下。不料白天鹅吃饱喝足之后，竟一展翅冲上了天，优雅地飞走了，缅伯高只来得及在它展翅之初扑到它的几根羽毛。手捧雪白的羽毛，缅伯高犯愁了：这可如何是好？进贡这几根羽毛恐有儿戏之嫌，万一惹怒唐太宗，自己说不定要人头落地。但就这样回去，怕是也只能死路一条，还可能影响到两国交往。最后他心一横，反正都是死，不如试一试，说不定大唐皇帝真如传说中那么英明，能够接受我国的诚意呢！于是，他用一块洁白的绸子将鹅毛仔细包好，还即兴在绸子上题诗一首："天鹅贡唐朝，山重路更遥。沔阳河失宝，回纥情难抛。上奉唐天子，请罪缅伯高，礼轻情意重，千里送鹅毛！"

缅伯高到达长安后，见到了，如实将天鹅飞走的事情告诉唐太宗，并送上他保留的鹅毛即那首诗。正如他所料，唐太宗不仅英明智慧，更是性情中人，他了解了事情经过，看罢了诗，不但没有责怪缅伯高，还夸他坦诚忠厚，对他赞赏有加。从此，"千里送鹅毛"被当作送礼物注重诚意而非礼物是否贵重的典范，在中华文明的礼仪史上熠熠生辉。

两国相交尚且能以诚相待，不注重物质，何况是当代社会中人与人的交往呢？毕竟，我们只是普通人，不需要连平时的人际交往都那么功利，那么物质化，在人情往来方面，完全可以依情而定，量力而出，既不必纯粹为了面子不情不愿地送红包，也不必碍于情面超出所能地送大礼。在职场上，尤其没有必要大费周章用物质去与人维持关系，脱离了情感的"礼"，终究是缺乏温情。

而如何对待送礼，如何将礼送得有情有义，其实也是对个人能力的一种考验。

首先，不必要的礼可以不送。

人们往往觉得，既然生在同一个职场，与同事抬头不见低头见，就得八面玲珑，获得人人的喜欢，交友多多益善。

多交朋友本身是没错的，但往往有一点易被人忽略，那就是交朋友绝不意味着只能拿物质上的礼物当敲门砖。拿物质换来的朋友，也只能是酒肉朋友，而非真正的知交。俗话说，"物以类聚，人以群分"，越是同一类人，越容易单纯地交往，越不是同一类人，越需要用物质去笼络关系。可是，我们需要那么多志不同道不合的"友人"干什么呢？虽然在同一家企业，干着相同的工作，甚至常常有工作上的交往与写作，却也并非一定要跟每个人做朋友不可。那些价值观与我们想去甚远的人，不深交又有什么可惜的？

所以，在人情往来上，我们也不需要有请必应，像这类可有可无的交往，放弃也罢，正好省了红包，省了怨气，省了那点不好意思的"意思"。

而对于能决定你职场命运的领导，以及合作机会较多、关系相对密切的同事，是不是礼越大就意味着你们的关系越好、你的前途就越光明呢？其实，正好相反。一个睿智的领导，他最看重的一定是你的工作能力和人品，而不是你送给他的那点"意思";而对于同事,他们更注重的也是你的工作能力和协作能力,这才是是否能真正让他们在与你的协作中工作得更轻松的关键。假如你的能力不行,不能很好地完成领导交待给你的工作,又无法很好地与同事进行工作协调,就算你每天给他们送礼,也不过是让人觉得你是个没有能力的"马屁精"罢了。

其次,量力而出,重在诚意。

假如遇到非送礼不可的情况,也大可不必越多越好,量力而出即可,超出承受范围大打面子牌,只会让自己感到吃力。职场上的同事何其多,送了这个,就想着必然要送那个,这个送六百,那个送五百,就觉得不好看。这样只能让自己越来越吃力。既然如此,不如真的就"意思一下",量力而出,适可而止。

再次,不以物质标准衡量礼物。

大家都说当代社会是物质社会,难免的,人们都习惯了用物质去衡量很多东西。唯有人情,是千万不能用物质衡量的,一旦这样去做,就少了情分,多了功利。

"己所不欲勿施于人",既然我们不喜欢别人用物质的眼光来评判我们的付出,那么,我们自己也要做到不用物质的标准去衡量别人的礼物和情义,否则,就等于我们自己在给自己挖一个冷漠的坑,然后等着自己往下跳。

礼尚往来,可以是祝福,也可以是负担,关键在于人们如何去看待。礼物和礼金本身是无辜的,没有感情的,真正的感情的人的内心。人情往来中,别为为数不多的礼金感到不好意思,当你真诚地祝福他人,自然能被感受到。也别因为不好意思就勉强自己跨入送礼大军的队伍,这世界人山人海,我们虽然不能离群索居,却也并不是非逼着自己跟全世界做朋友不可。

8.心的容器

拒绝"不好意思"，不等于自私自利

我一直在强调要拒绝"不好意思"，于是有的人，渐渐将这种理念理解为做任何事都只考虑自己，以自己的利益为唯一衡量标准，以自己的喜好心情作为为人处世的依据，理直气壮损害别人的利益。其实，这不是在拒绝"不好意思"，而是一种掩盖在拒绝"不好意思"背后的自私自利。我从不提倡自私自利。恰恰相反，我认为想要真正做到拒绝"不好意思"，摆脱"不好意思"心理的控制，真正要做的，是让自己变得宽容，学会接纳别人，接纳更多的事物。除此以外，还要学会宽恕那些令我们感到"不好意思"的人和事。正如美国伊利诺伊州大学的心理学家克里斯托弗·皮特森所说的："宽恕与快乐紧紧相连，宽恕是所有美德之中的王后，也是最难拥有的。"另一位心理学家也说过："只要有一种看透一切的胸怀，就能做到豁达大度。把一切都看做'没什么'才能在慌乱时，从容自如；忧愁时，增添几许欢乐；艰难时，顽强拼搏；得意时，言行如一；胜利时，不醉不昏，有新的突破。"

因此，大凡有所作为的人都倡导宽容，奉行宽容，例如，春秋战国时期的蔺相如。蔺相如因为"完璧归赵"立了大功而被封为上卿。这下大将军廉颇可不服了，公开宣称一定要当面羞辱蔺相如。蔺相如听到此话，不但没有针锋相对，反而凡事尽量回避，不与廉颇发生正面冲突，以至于见到廉颇的都绕道而走，给他让路。当人人以为蔺相如是惧怕廉颇时，他却说："秦国不敢侵略我们赵国，是因为有我和廉将军。我对廉将军退让、宽容，是将国家安危放前，把个人的私仇置后啊！"这话传到廉颇耳朵里，他倒也是个通情达理之人，立马意识到了自己的错误，赶紧向蔺相如"负荆请罪"，这才成就了一段美谈。

按照一般人的理解，廉颇对蔺相如如此无礼，蔺相如应该感到"不好意思""很没面子"，继而很愤怒，站出来与廉颇一较高下才对。然而，蔺相如没有，而是选择了宽容、退让，这样一来，反而令廉颇感到"不好意思"了。廉颇的"不好意思"则是发自内心的自惭自愧，这种不好意思，倒是很值得提倡的。而接下来廉颇"负荆请罪"的行为，更是令人赞赏。知错能改，不因为"不好意思"就拒绝承认自己的错误，也不认为"负荆请罪"是有失面子有失身份的事，这才是真正摆脱了"不好意思"的束缚，学会了宽容地接纳，同时，也让自己被他人宽容地接纳。

可见，拒绝"不好意思"，绝不等同于自私自利，而是一种心的宽容。当别人不经意冲撞了你，你的内心可能会自然而然地涌起一股或是愤怒或是反感的情绪，这可以说是一种正常的自我保护机制。心理学家说："被人亏待自然会发怒，但如果怒气不化解则会积成怨恨。如果任凭怨恨滋长，就等于把毒素注入自己的身体。"然而，不见得针锋相对反过来去冲撞别人就是对自己的最好的保护，有时候，以退为进恰恰是更智慧的处理方法。这时候，如果你以宽容之心对待别人的冲撞，不仅可以化干戈为玉帛，化冲突为融洽，也可以赢得别人的感激和拥戴。这个方法可以称作心理上的"不战而屈人之兵"。所以心理学上有个说法："一个人要想健康，首先就要学会宽容。"能够宽容待人，是现代人心理健康的标准之一。

将心的容器扩大

在竞争激烈的今天，尤其是竞争无处不在的职场，与人发生冲突是难以避免的，假如遇到利益上的冲突，职位上的竞争，有时也会产生一些磕磕碰碰、恩恩怨怨。同时，人们的自我意识在不断提高，不知不觉间，宽容正悄悄地从人们意识中淡化，甚至消逝。所以我们经常能见到，职场上与人发生了矛盾，许多人不再忍让宽容，不再顾及彼此的"颜面"，而是立即跳出来与对方针锋相对，一副"谁怕谁"的架势，仿佛这样才能体现自己的能力，生怕气势稍低就会被其他同事看笑话，日后成为别人欺负的对象。

诚然，"以牙还牙"，针对或报复似乎更符合人的本能心理。但如果真的这样做了，怨只怕会越结越深，本来是鸡毛蒜皮的事，转身便可一笑泯恩仇，就很可能会发展成势不两立的"死对头"关系。职场本身"抬头不见低头见"的地方，一旦与人形成了这样的关系，还如何开心工作、融洽协作呢？而且，一旦心理调节不当，就会让自己心生怨怼，甚至会陷入深深的怨恨之中不能自拔，每天埋头在与人较劲的情绪之中，看不到明媚的阳光，找不到静心工作的状态，工作效率势必受到影响。一旦被上司知道你与人有如此难以化解的矛盾，他又会如何看待你呢？

综合分析看来，与人斤斤计较实在是利少弊多，得不偿失。倒不如平心静气，冷静对待。

人心就像一个容器。装的快乐简单多了，烦恼纠缠自然会少；装的理解宽容多了，矛盾仇恨自然会少。人生就是一场好修行，即使身在职场，也不能忽略心的修行。人生在世，应该胸怀宽广，气量宏大。想成就一番大事业，更要做到心胸宽广，不在小事上纠缠不清，浪费时间和精力。

三国时的蒋琬，在诸葛亮去世后主持蜀国朝政。当时他有个名叫杨戏的属下，此人性格孤僻，讷于言表，看上去总是对人不冷不热的，即使是蒋琬与他说话，他也是只应不答。有人看不惯杨戏的态度，故意在蒋琬面前嘀咕说："杨戏这人对您如此怠慢，太不像话了！"谁知蒋琬不以为意地坦然一笑，豁达地说："人的脾气秉性各异，杨戏这个人呢，让他当面说赞扬我的话，违背他的本性，让他当着众人的面说我的不是，他会觉得令我难堪。所以，他只好干脆保持沉默。其实，这何尝不是他为人的可贵之处呢！"此话一出，刚才嘀咕的人顿时觉得万分惭愧，对蒋琬非凡的气度更加肃然起敬。后来便有人用"宰相肚里能撑船"来称赞蒋琬的胸怀宽广。

心这个容器里，装着自己，也装着别人；装着理想追求，也装着蝇营狗苟；装着感恩，也装着怨恨。但容器总是有限的，难免顾此失彼。心里装的什么多一点，全看个人的选择。心里装的什么多一点，也决定了一个人的未来。

《水浒传》里的白衣秀士王伦，本是梁山初期的首任寨主，却最终被排名在一百零八好汉之外。原因是什么呢？原来，王伦这个人呢最大的特点便是嫉贤妒能，他曾因为害怕武艺高强的林冲在梁山势力壮大，而多方刁难，非要林冲献投名状才肯纳他进梁山。当晁盖等人上山入入伙时，王伦又担心曹盖比自己能干，万般托词推拒。最后，林冲受到吴用的智激，将王伦杀了，推晁盖为大头领，开拓了梁山的新局面，也扶正了梁山的风气。可惜了一个王伦，本来有一定的本领，却不能容纳比自己强的人，时时不忘争强好胜，争名夺利，弄得身心俱惫，最后丧命。

王伦的故事不禁令人扼叹。他心里装着太多的自己，以至于容不下他人，就像是一株可怜的小草，即使微风拂过，也能让他前俯后仰，方寸大乱，惶惶不可终日。

心，是一个容器，但这个容器并非永远那么小。要想胸怀宽广，还要学会如何拓宽这个容器，让它能够容纳更多的东西。

"三国"时期的周瑜，一生才能，年纪轻轻就当了大将军，统领千军万马，是何等威风。可惜，他也是心胸狭窄之人，与诸葛亮明争暗斗，最终被诸葛亮气死。留下一句长叹："既生瑜，何生亮！"

心小的人，不会去欣赏他人，遇到才能比自己强的，更容易嫉贤妒能。这都是因为内心浮躁、脆弱、狭隘乃至偏激所致。因为心小，外界的一切，都被无限制地放大，他小小的心中被贪欲、积怨、恼怒以及自卑等各种负面情绪塞满，最后连自己也无容身之处。

心小的人，往往还容易将宽容当成软弱。其实，二者是有本质区别的。软弱是任人欺凌毫无还手之心，宽容是将他人无意的冲撞用微笑化解，而面对刻意的、无理的挑衅，也绝不会姑息，而是会用相对和平的方式去解决，是对方知难而退。软弱的人，并不能真正宽容别人，只是将痛苦和愤懑埋在心里，终究无法散去。宽容的人不会轻易受到别人的伤害，因为他们根本不会在意别人有意无意的伤害。所以，宽容绝不是软弱，面对他人时，即便对方真的恃强凌弱、不讲道理，不公正地对待你，也大可轻轻一笑，不放在心上，尔后忘记它，原谅这些过错。毕竟，如果我们不能宽恕别人所犯的错误，就等于将这个错误留在自己心里，由自己来承担，最终无法释怀的还是自己。

阿萨吉奥利曾所说："如果没有宽恕之心，生命就会被无休止的仇恨和报复所支配。人将处于无道德之中。"宽恕了别人，就等于解脱了自己。心的容器，就是这样被宽容一点点扩大的，直到能容纳万物。

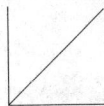

第四章

切断负效应，重组关系回路

1. 对抗还是接受，决定了结果

对抗并非最好的办法

面对一些负面情绪，如恐惧、自卑、不好意思，等等，人们总是习惯于对抗。根据"敌强我弱，我强敌退"的逻辑来看，似乎是有一些道理的。不得不承认，短时间来看，对抗的确能够帮助我们击退这些负面情绪，甚至让我们暂时忘掉它们。但，它们真的就此消失，不再困扰我们了吗？

心理学家曾在治疗的过程中遇到这样一个案例：有一个女人发现自己似乎十分冷酷无情，对一些在别人看来很值得悲伤或者同情的事情，她却表现得无动于衷，像是任何事情都难以打动她的心。不但如此，在面对一些"惨剧"时，她还经常不合时宜地哈哈大笑。例如一次看体育比赛，有两个运动员突然猛烈地撞在一起，其中一个被撞得鲜血淋漓，看样子受伤很重。场上的观众都发出了焦急的关注声。而看到这一幕后，她却不由自主地哈哈大笑了起来。旁边一起看球的丈夫对她的行为感到十分不满，生气地斥责她为何如此麻木。然而，这样的事情还是屡屡发生，她自己也不禁开始怀疑，自己为什么如此冷血。于是，她向心理治疗师求助。

后来，她按照心理治疗师的方法做了一些自我调节。她先是回想起她表现得十分冷血时的画面，然后让心中的念头自然流动，不去阻拦，也不去干扰。结果，念头终于停歇时，她脑海里映现了一个暴力画面：爸爸一拳打在妈妈的脸上，妈妈满面鲜血。令她惊讶地是，当这个画面出现时，她心中居然有一股无法言喻的畅快感。

为什么会这样？这个念头就是答案。经她自己回想起小时候的事，在她的记忆力，妈妈总是对爸爸百般挑剔，充满抱怨，整日唠叨让人无法安宁。而爸爸则性情温和，沉默寡言，对妈妈百般忍让。她十分同情爸爸，觉得妈妈太过分了，也不希望爸爸一直忍让下去，甚至曾希望爸爸狠狠揍妈妈一顿，以使她闭嘴。

由此我们可以看出，她之所以对运动员撞在一起不自觉地幸灾乐祸、哈哈大笑，是因为她的内心深处一直有一个念头，即渴望爸爸揍妈妈一顿。但同时她又明白，打人本来就是不好的行为，作为女儿的她希望爸爸打妈妈，更是阴暗而不可饶恕的想法。所以。当这种念头最初一产生后，她立即和它进行对抗。对抗貌似成功了，这个念头她再也意识不到了。但她后来的表现向我们证明，对抗只是让她将之前的念头压抑到潜意识中去而已，并最终变成了令她失控的、冷血的源头。

这个案例充分说明了，对抗绝非解决问题的最好办法。

印度哲人克里希那穆提也说过，唯一重要的是点亮你自己心中的光。假若能在那一瞬间全然明白那种弥散的恐惧是什么，这就意味着她在这一角落上的光被点亮了，这时就会立即得救。而点亮心中的光的唯一方法，就是不做任何抵抗，让心中的念头自然地流动。这时，我们会发现念头一个接一个，当念头可以停歇时，真相自然会映现。

任何情绪，都是来自于自我，是自己的想法，而不是来自于外界，更不是别人活着舆论可以强加的。不好意思的心理以及情绪表现，往往是因为人们的内心过分追求完美、犹豫不决、谨小慎微、固执，等等。如果非要和它对抗，这反而是在提醒、强化自己的某种心理及情绪，最终会让自己陷入一个死循环，无法自拔。

同时，对抗也会给自己一个反弹的力，会反过来对抗我们。即使暂时被压制，也会在将来的某个不经意的时刻，猝不及防地跳出来打击我们。如果选择听任自己沉浸在某种情绪中，不去做任何对抗，而是让念头或意识像水一样在心中自然流动。最后就会全然明白，这种情绪到底是怎么来的。而只有找到了引发这种情绪的根源，才算是抓到了核心目标。

接受，才能从根源解决问题

《当下的力量》里谈到过一种现象：我们绝大多数人都被思维给控制住了，当头脑中出现一个念头时，我们不自觉地会去实现它。但如果我们能觉察到思维的流动，既不去实现它，也不与它对抗，那么我们很容易会理解思维的合理和不合理之处，随即就可以从思维中解脱出来。

所以，对于不好意思的心理和情绪，我们也主张采取不理、不怕、不对抗的态度，顺其自然，这是打破恶性循环的关键。而不对抗，最好的办法就是接受。只有接受，才能停止跟自己较劲，也就才能从根源解决问题。

不理，是指不要死死抓着某个念头或者情绪不放，非要"哪壶不开提哪壶"，而是要学会忽略，转移注意力，避免过度的关注引起内心的焦虑反应。久而久之，这种念头或情绪就会因为感到"无聊"而告退了。

不怕，是指不用过于害怕和逃避某种心理或情绪。要知道，一时的心理或情绪状况仅仅只是一种表象的东西，真正在背后起作用的，是不良个性和不正确的思维方式。例如，要面子，常常因为不好意思而放弃自己的立场，一件小事就可以联想到面子上去，等等。

不对抗，是指不要一心一意地企图立刻消除某种心理或情绪症状。过度的压力往往会适得其反，野蛮的对抗恰恰会招来更大力度的反弹。相反的，原谅自己的不完美，面对心理的不良情绪，尝试平心静气地去探索这种不良情绪的来源，再去正视这个来源，找到解决的办法，才能从根本上消除一直困扰你的心理或情绪症状。

接受，是要求我们认识并坦然面对自己的负面心理或情绪，接受自己是不完美的这个现实，改变自己的不良人格结构，重新塑造新的个性，利用正面的信念树立起自信，信任自己，鼓励自己，而不是否定自己，逃避自己，甚至与自己对抗。当正视和接受了自己的负面，接下来要做的就是培养自己的正面，比如，自信，乐观，积极，坦然等良好的心理素质，形成积极、乐观、无畏、果敢的思维方式，直到内心所有的念头都能与表现出来的情绪和谐相处。

在这个方面，中国商界有一位曾经叱咤风云的人物实践得最好，这个人就是褚时健。

褚时健是红塔集团原董事长，曾经是中国有名的"中国烟草大王"。他以不同凡响的个人能力，一手将红塔集团建成大型企业，曾经被授予全国优秀企业家终身荣誉奖"金球奖"，后又被评为全国"十大改革风云人物"。在上个世纪90年代，褚时健可谓中国商界的重量级人物。

然而，正当他处于人生巅峰的时候，却因经济问题被处无期徒刑、剥夺政治权利终身。当年，他已经71岁，是一位老人了。更大的打击还在后面。不久后，他的女儿在狱中自杀身亡，给他的人生带来了雪上加霜的打击。

许多人为褚时健感到惋惜，认为他这辈子就这样完了，除了在狱中苟延残喘度过余生，他再也没有任何希望。

出人意料的是，这位看似衰弱不堪的老人并没有因此垮掉。他先是获得减刑，改为有期徒刑17年，后又因严重的糖尿病获批保外就医，回到家中居住养病，并且被限制了活动。按照常规设想，他在老家能颐养天年，已经是他最好的结局了。

但是，这位坚强的老人却又给了我们一个惊叹。

回到家中的褚时健居然不顾年迈体衰，承包了2000亩的荒山开种橙子。75岁的他，带着妻子进驻"鸟不拉屎"的荒山，一改昔日企业家的形象，像一个地地道道的农民那样日出而作，日落而息。"疯狂"行为终于换来了不同寻常的回报，褚时健不但将荒山变成了绿地，他种植的橙子还大受市场欢迎。很快，昔日的"烟王"变身成为今天的"橙王"。他的果园年产橙子8000吨，利润超过3000万元，固定资产8000万元。同时，他还带动当地的一些农民跟着他种橙，让他们也取得了客观的收入。

而今，褚时健又变成了人生的赢家。这位已经年逾80的老人，面对人生的失败与沧桑，懊恼过，也痛苦过，流过泪，却从不绝望。在人生最低谷处，他又一次点燃希望之火，用非凡的勇气和不懈的努力，将自己的人生成功"翻盘"。

褚时健的人生经历，看似一直在与命运进行不屈的对抗，但其实，绕过现象看本质，我们不难发现的是，真正帮助他站起来的，不是对抗，而是接受。

锒铛入狱，爱女自杀，如果真要对抗，他当骂命运的不公，人生的无常，进而沦陷在痛苦中，日日与自己为敌，因为，造就这一切的人正是他自己。然而，他选择了接受现实，默默承受，继而用积极的心态和行动换取了重新的自由，又用这自由给予自己新的机会，再一次向人生的光亮处出发。在这个过程中，他不曾逃避困难，不曾沉沦于与内心的不良情绪对抗，而是选择了正确对待挫折，接受既成的事实，直到获得新的力量。

褚时健的人生完美吗？很显然，不完美。但从某种角度来说，却又可以说是完美的。不拘对抗，坦然接受，正是因为他不苛求完美的态度，造就了自己人生的另一种完美。可见，对抗还是接受，从一开始就决定了不同的结果。

2.接纳不好意思，画上休止符

对于不好意思，更好的方法是接纳

褚时键在面对人生的坎坷时，选择了接受，因为接受比对抗更具有力量。而我们在面对不好意思心理的时候，更好的选择其实也是接纳，而非对抗。

有这样一个故事：8岁的小男孩气冲冲地回到家里，显得异常生气，使劲地跺脚。正在院子里干活的父亲见状，问儿子发生了什么事情。小男孩气呼呼地告诉父亲说："爸爸，我现在非常生气。华金以后甭想再得意了。"父亲一面干活，一面静静地听儿子诉说。儿子继续说："华金让我在朋友面前丢脸，我现在特别希望他遇上几件倒霉的事情。"这时，父亲停下了手中的活，走到墙角拿出一袋木炭，对儿子说："儿子，你把前面挂在绳子上的那件白衬衫当作华金，把这些木炭当作倒霉事情，然后用木炭去砸白衬衫。每砸中一次，就象征着华金遇到了一件倒霉的事情。我们来看看，等你把木炭砸完了以后，会是什么样子。"

儿子觉得这个游戏很好玩，于是拿起木炭就往洁白的衬衫上砸去。可是白衬衫挂在比较远的绳子上，直到他把整袋木炭都扔完了，也没有几块扔到衬衫上。父亲问儿子："你现在觉得怎么样？"儿子说："累死我了，但我很开心，因为我扔中了好几块木炭，现在，白衬衫上有好几个黑印子了，这也就意味着，华金要倒霉啦！"父亲见儿子并没有明白他的真正用意，于是便让儿子去照镜子。儿子不明所以地跑到家里的镜子面前，这才发现自己满身都是黑炭的痕迹，脸上也乌漆墨黑的，只剩下牙齿是白的了。

这时，父亲拿着白衬衫来到儿子身后，语重心长地说道："你看，白衬衫并没有变得特别脏，而你自己却成了一个"黑人"。当你将黑炭扔向别人的时候，其实有一个反作用力用在了你自己身上，于是你的身上也弄脏了，而且，你身上要比对方更脏。"

儿子看看白衬衫，又看看自己，似有所悟，脸上的气愤悄悄地退去了。

这个故事反应出对抗心理和行为及其产生的后果，很显然，对抗并不能将问题解决。相反的，如果采取接纳的态度，事情的发展反而出人意料。对于不好意思，其实也遵循这个逻辑。

不好意思也是一种心理和情绪，假如我们非要盯着它死死对抗，不将其消灭不罢休，最终，我们可能难以如愿以偿。因为越是对抗某种情绪，也就意味着越在心里强化它的存在。人的心灵就像眼睛，当它聚焦于某个点的时候，是不可能将其忽略的，更不可能用"目光"使其凭空消失。相反的，接纳了它的存在，不去过度关注它，渐渐也就忽略和淡忘了，才能去关注别的东西。

生活其实不需要这么多无谓的执着，尤其是那些会对我们的人生和工作产生负面影响的心理和情绪，更要学会接受它们，放下它们。心灵无时无刻不在进行着旅行，心理活动与我们的行为并行，与现实生活中走路一样，心灵的脚步并非走得越快就越好，相反的，过于匆忙，过于关注某个目标，反而往往令人错过能力沿途最美的风景。因此，我们要适当地停下，终止不好的思维方式和行为习惯，才能给自己一个新的开始，也是成功的开始。

如何给不好意思画上休止符

我们如何给不好意思画上休止符呢？也就是说，我们如何使不好意思停止控制我们的心理和行为呢？

接下来，我们以职场为背景，来讲述一些具体的方法。

停止没完没了的攀比。

很多人习惯于在职场中与人攀比。比待遇，比职位，比学历，比过往的工作经历，比企业的规模，比企业的性质（即国企、私企、外企等），甚至在职场上比生活中的事，如，配偶的工作收入、相貌，孩子的成绩，居住的房子，等等。

诚然，适当的对比可以让我们看到自己的不足，激发内心的斗志。但如果事事与人比较、较劲，就成为了攀比，不但无益，还会让自己陷入没完没了的死循环中，内心无法安农，疲惫不堪。

而停止这一切最好的办法，就是不要去与人攀比。接纳自己不如人的地方，接纳别人比自己优秀，接纳每个人都有不同的优点和缺点，优势和劣势。毕竟，每个人的工作和生活相对来说都是独立的平行线，硬性的攀比是不科学的，也是毫无意义的。

弄清楚自己到底想要什么。

人总想找到那个最好的，这几乎是一种心理定律。喜欢攀比的人，已经将攀比当成一种心理和行为习惯，不管那是不是自己想要的。可是，什么是最好的？你觉得是最好的，是因为你的确了解，还是因为别人的评价？对于别人是最好的，对于你也一定是最好的么？

比如，很多人都认为外企公司很好，可是好在哪里呢？高档的写字楼？人性化的工作环境？不错的待遇？但是，是否喜欢、是否适合某个工作，与工作环境并没有必然联系，如果是从事着自己不喜欢的工作，即使每天西装革履地出入高档写字楼，心里也未必那么舒坦吧？何况，只要深入了解，就不难发现，传说中外企那些令人羡慕的薪水福利只是被少部分人放大的，即使有，也只是针对少部分人，或者是少部分外企，而非所有的外企都是上班族的天堂。另外，还有一个不容忽略的事实，那就是外企的晋升机会普遍比较少，一般的人很难做到很高阶的主管。晋升的机会通常都把控在来自国外的高管手里，普通员工所拥有的，不过是别人看着光鲜的"白领"身份。想一想，这些是你想要的吗？与你的职场理想是一致的吗？真的能够提升你的个人能力和职场核心竞争力吗？如果不是，又何必去为了别人的目光而辛苦自己呢？毕竟，你自己真正想要什么，才是最重要的。

所以，一定要先弄清楚你想要什么。如果连自己想要什么都不清楚，就永远也不会找到好工作，因为你永远只看到你得不到的东西，而你得到的，都不是你想要的。

3. 接受现实，原谅自己。

尽管我们知道，爱面子是不好的。但不可否认的是，每个人多多少少都是要面子的，在工作中与人攀比在所难免。当你意识到自己在与人攀比时，既不要纵容自己，鼓励自己，也不必苛责自己。首先要认清这是一种心理上的现实，既然无法避免，对抗无益，那就只有坦然接受，并原谅自己出现了这种心理状况。耿耿于怀不肯放过自己，不过是自我为难罢了。

4. 不为他人的标准做自己的选择。

现实中，很多人都是在干着自己的工作，活在别人的标准里。别人的标准是什么呢？

首先，是人不能没有工作。于是，你以"饥不择食"的态度匆匆忙忙找一份工作，不去考虑长期发展，不去考虑福利待遇，不去考虑职场附加值，你满脑子盛放的，是有了工作，就摆脱了"无业游民"的另类身份，就正常了。然而，别人的标准还要求有一份不错的薪水。但恰好，你的薪水不足以令人羡慕，甚至是偏低的。于是你开始对自己的工作不满意，由对薪水的不满意发散到对工作环境、老板、上司、同事，甚至是公司里扫地的阿姨，通通都不满意，你觉得待在这样的企业是能力不行的表现。接下来，你脑子里只剩下两个字：跳槽。在成功跳槽之前，你便一直处于对工作和薪水的焦急不安中。但事情往往就是这样，你越想得到得到东西，离你越遥远。越是焦急，越是觉得自己需要一份薪水更高的工作，就越无法容忍目前的状况，越无法好好工作，直到你的工作态度终于招来老板和上司的不满，直到你想也没想清楚就跳槽。如果运气好，你成功跳槽了，得到了更高的薪水，那么，更多的他人的标准会源源不断地套在你的脖子上。不能永远做无名小卒，工作达到一定年限后不升职就是无能的体现，世界500强才是好的工作单位，等等，都会随之而来，如果你一味地跟着别人的标准走，只会让自己越来越疲惫，陷入无尽的不满与焦虑当中，哪里还能感受到工作的乐趣，也根本不会记得自己最初的目标。

避免这一切的方法只有一个，那就是停止用别人的标准要求自己，转而以自己为中心进行判断和选择。例如，衡量一份工作好不好，不是拿公司的大小，规模，外企还是国企，名气大不大，是不是上市公司来衡量，而是应该看这份工作是否适合你，是否能给你带来你想要的东西、能帮助你实现职场理想的工作，在这个工作当中，你开不开心，能不能充分发挥你的工作能力，有没有提升的空间，等等。至于公司的规模，一时的薪水，则不必太多在意。因为，小公司未必不是好公司，赚钱多的工作，未必方方面面都让你称心如意。

3. 先停止买单再切断发源地

世界上没有"理所当然"

相信很多人都看过这样一个故事：

商人的儿子小彼得才十岁，却已经从爸爸的商店里了解到了一些"生意经"。有一天，他突发奇想给妈妈开了一个账单，索取他每天帮妈妈做事的报酬。

于是，某天早上，他的妈妈在餐盘旁边看到了那份账单，上面写着：

母亲欠她儿子彼得如下款项：

取回生活用品	20芬尼
把挂号件送往邮局	10芬尼
在花园帮助大人干活	20芬尼
彼得一直是个听话的好孩子	10芬尼
共计：	60芬尼。

小彼得的妈妈仔细地将账单读了一遍，然后默默将它放进了自己的口袋里。

晚上，小彼得如愿以偿地在他的餐盘旁边找到了他账单上所提到的报酬，一分也不少。正当他高兴地要把这笔钱收进自己的口袋里时，突然发现在餐盘旁边还放着一份给他的账单。

他把账单展开读了起来：

彼得欠她的母亲如下款项：

为在她家里过的十年幸福生活　　　0芬尼

为他十年中的吃喝　　　　　　　　0芬尼

为在他生病时的护理　　　　　　　0芬尼

为他一直有一个慈爱的母亲　　　　0芬尼

共计：　　　　　　　　　　　　　0芬尼。

小彼得读着读着，脸渐渐羞愧得发红了，他也小心翼翼地收起了妈妈给他的账单，然后蹑手蹑脚地走近妈妈，将小脸蛋藏进了妈妈的怀里，一边将之前收到的那60芬尼塞进了妈妈的上衣口袋里。

其实，现实生活中，很多都就像之前的小彼得，认为自己为别人做的应该得到报酬，而别人为自己做的则是理所当然。

有一个女孩子，在二十来岁的时候交往了一个男朋友，虽然不被大家看好，但她因为爱情，还是坚持了下来。当时他一贫如洗，她陪他创业，东奔西走，熬夜奋战，拿出自己所有的收入支持他，自己没有一分存款，几乎不买新衣服，吃最简单的饭菜，买最便宜的水果，克制一切物质欲望，维护他的自尊心。

十年后，男孩事业小有成就，在女孩本来应该可以苦尽甘来的时候，他却毫不留情地离开了她。旁人看不过去，责备他，他却理直气壮：一切都是她自愿的，我从来没有逼迫她。再说，年轻时吃点苦不是应该的吗？就算她跟别人在一起，不也要吃苦？

短短几句话，将一个人的十年付出变成理所当然。

生活中太多这样的"怨妇"，也太多这样的"负心汉"。索取的一方，贪得无厌、理所当然地索取，永远不满足；付出的一方，则因为不好意思拒绝而不停地违背意志去付出，内心反抗行动上却依然遵循。渐渐的，形成一个怪圈，走向死胡同，而被困死的，当然是付出的一方。

　　然而，不论是索取的一方还是付出的一方，都忽略了一点，那就是世界上根本没有"理所当然"，也不应该有毫无条件的"理所当然"。所以，你永远可以对任何人说"不"，只要你愿意。这也是拒绝"不好意思"的方法之一，即停止对"不好意思"买单，切断其发源地。就像心理上的能量关系回路，只有停止负面的，才能开始正面的，进而进入正能量圈，形成良性循环。

停止为"不好意思"买单

　　把别人的付出当成"理所当然"，这样的人无处不在，而与我们关系比较密切，能影响我们的，则是身边的亲戚朋友，职场上的同事客户，老板，上司，等等。将别人的付出看作是"理所当然"的人，通常都不理解他人的付出，也不会尊重他人的付出。在他们眼里，别人为他们付出，为他们牺牲，不但不需要得到回报，还应该当成是一种荣幸和莫大的恩赐。更可笑的是，一旦你拒绝他们的要求，他们就会用一种强硬的、职责的态度来对待你，直到你心理产生愧疚，对他们"举手投降"，乖乖付出。在他们心中，是没有"心怀感激"这个词的，更不会去体谅别人的难处，他们只想免费得到，尽一切可能利用别人手中的资源给自己创造利益，从来不懂得为感激和回报别人。所以很多善良的人到最后都难免感慨：真是不能对人太好，尤其是在开始接触的时候，否则后面就被当成理所当然，对对方稍有怠慢反而会招来对方的不满。

　　心理学上有一个阿伦森效应，指的是随着奖励减少而导致态度逐渐消极，随着奖励增加而导致态度逐渐积极的心理现象。根据阿伦森效应，人们最喜欢那些对自己的喜欢、奖励、赞扬不断增加的人或物，最不喜欢那些显得不断减少的人或物。

　　阿伦森效应最著名的运用，应该是这个故事：有一位退休的老人，为了图清净，就在湖区买了一所房子。可是刚安静了没几天，就有一群孩子来到他门口，追逐打闹、踢垃圾桶、大喊大叫，吵得他不得安宁。老人就想了一个办法。他走出家门对孩子们说："我十分喜欢热闹，谢谢你们给我带来了欢乐。如果你们每天都来这里玩耍，我就给你们每人一元钱。"小孩子一听，当然更加兴奋了，于是很卖力地打闹。老人忍着，并依照承诺每天给孩子们一元钱。过了几天，孩子们打闹完了准备领钱回家的时候，老人却没有像往常那样爽快地拿出早已准备好的零钱，而是愁眉苦脸地说："我的养老金到现在还没发下来，所以，从明天起，每天只能给你们五角钱了。"小孩子有些失望，不过还是接受了老人的钱，每天继续来这里打闹。又过了几天，老人两手空空、"非常愧疚"地对他们说："真对不起，我的养老金已经不够我维持生活了，以后，我不能再给你们钱了，希望你们继续来我家门口玩耍。"可是，第二天，他的门口变得安安静静，再也没有小孩子愿意来玩耍打闹了。从此，老人过上了他梦想中的清净日子。

　　这个故事中，老人的智慧其实暗合了"阿伦森效应"。假如老人采取相反的方法，给孩子们钱请他们离开他家门口，不难猜到，一旦他不再给钱，或是给的钱不增加，孩子们一定会报复性地加剧在他家门口打闹。而采取先鼓励再让对方失望的方法，则收到了意想不到的效果。这就是阿伦森效应的神秘力量所在。说到底，这是挫折感在作怪。从倍加褒奖到小的赞赏乃至不再赞扬，这种递减会导致一定的挫折心理，但一次小的挫折一般人都能比较平静地接受。然而，继之不被褒奖反被贬低，挫折感会陡然增大，一般人就难以接受了，因为递增的挫折感很容易引起人的不悦及心理反感。

因此，阿伦森效应提醒人们，在日常工作与生活中，应该尽力避免由于自己的表现不当所造成的他人对自己印象不良方向的逆转。同样，它也提醒我们在形成对别人的印象过程中，要避免受它的影响而形成错误的态度。

结合"不好意思"的心理来理解，我们也可以认为，假如总是拒绝别人，偶尔顺应别人的要求，就会得到对方的喜欢，让对方觉得我们"为人很不错"；反过来，假如一直顺应别人的要求，突然有一次拒绝了对方，则会招到对方极大的反感，让对方觉得"这个人也就这样，十分虚伪"。这就是人们通常所说的"次次不给一次给，招人谢；次次给一次不给，招人怨"。

实际上，"阿伦森效应"在职场中也是常见的。

一位刚刚大学毕业的年轻人，进入职场后决定好好表现，于是每天早早就到办公室打扫卫生，烧开水，甚至为同事们将办公桌擦得一尘不染。并且，他还主动帮同事处理一些工作，还在周末代替同事值班。即使再累再忙，他都硬着头皮撑下来。年轻人的勤快和服务精神给上司和同事留下了非常好的印象，大家都夸他是个不错的青年。

然而，随着时间的推移，年轻人的工作渐渐走上正轨，手中的任务也逐渐增加，加上需要更多的业余时间补充知识，以提高工作技能，他变得不那么勤快了——不再包揽办公室的清洁工作，不再积极主动地帮同事承担工作量，甚至有一次还拒绝了同事推给他的工作。这下，大家对他的评价一落千丈，纷纷在背后说他是"马屁精""假好人""假积极"，他们甚至开始孤立他。

这位年轻人正是陷入了阿伦森效应的怪圈。本来，刚刚走上工作岗位的青年人积极表现一下，其出发点是很好的。可惜他忽略了阿伦森效应对人的心理的影响，这种影响也会直接作用在人们对他的评价和态度上。一直积极顺从的他，已经让大家对他有了一个"高期待、高标准"，一旦他出现了拒绝他人的表现，即使是正当的，也会难以被接受，而是被视为"虚伪"。其实，这也是另一种形式的付出与回报出现了不匹配的状况。

人与人之间的关系，是需要一定程度上的互动来保持平衡的。一个人对另一个人付出，需要得到对方的理解和适当的回应，这样他们心里才能维持一个相对的平衡。一味地付出而得不到回报，就会变成纯粹的牺牲。一个人为另一个纯粹地牺牲，这本身就是不合理的，即使是父母与子女的关系，即使是夫妻恋人之间，即使是职场中的上下级、员工与老板。

所以，我们要懂得拒绝的艺术，避免让自己陷入"付出"的轮回中，成为"不好意思"的奴隶。而最好的方式，就是在一开始就不要无度地付出，无条件地顺从。所谓"恩宜自淡而浓，先浓后淡者人忘其惠；威宜自严而宽，先宽后严者人怨其酷。"说的就是这个道理。

4. 接纳他人

不顺从他人不代表是抗拒

一些人不懂得如何处理与他人的关系，在遇到他人的不合理要求时，心里清楚不能随便接受，也不愿意接受，但就是不懂得如何拒绝，于是干脆采取另一个极端的做法，那就是逃避。总是用逃避的态度处理事情的人，往往情绪消极，郁郁寡欢，寡言少语，鲜与人来往。因为他们害怕跟别人打交道会"吃亏"，会让自己掉进"陷阱"里，于是选择背对，背对他们觉得麻烦的人和事，背对整个世界，渐渐的，他们就真的再也不知道如何去面对这个世界了。

所以说，性格决定命运，这句话咋听起来有些宿命论的味道，但其实有其科学含义，且含有一定心理学道理的。一个人的性格决定了他的心理活动模式，而心理活动模式又无时无刻不影响着一个人的行为，导致相应的结果。最终，还是性格在主导着人生的走向，并最终将一个人的命运引向某个结果。

让我们来看两个性格决定命运的例子。

无人不知的清官海瑞，一直是一个富有争议性的人物，引发这种争议的主要是他独特的性格以及特有的处事方法。海瑞是明朝著名的清官，他"清"到什么程度呢？概括地说，他的道德标准达到了一个至美到善的境界。他尊重当时的"法律"，一切都按规定办事，并且一定不折不扣地遵守。即使政府当时发给官吏的薪资微薄到不够吃饭，他也觉得应该毫无怨言的接受，并且他自己真的是一身清贫，一个官至二品的重臣，死的时候居然仅仅留下白银二十两，甚至还尽不够殓葬之用。别说与现在的某些贪官比了，就是与一个正常的公务员相比，那也是差了老远去了。可他一生都没有为自己谋过任何私利，甚至从来不觉得自己的收入与身份不相符。当然，他的这种性格也扎扎实实地影响了他二十年的仕途。

1558年，海瑞升任浙江淳安知县的时候，已经四十五岁了。按照当时很多官员的想法，到了这个年纪，这个地步，该出手就应该出手了，捞一把给自己养老，这是再正常不过的了。但海瑞不一样，这时候的他，仍然怀揣一颗赤子之心，谨守他的道德与操行为规范，丝毫不肯妥协。一次，他上司也就是总督胡宗宪的儿子道经淳安，排场非常大，跟随的人一大批，行李也多得像是要举家搬迁的样子。而且这位"官二代"还特别喜欢狐假虎威，仗着有个当大管的老子，就肆无忌惮地作威作福，对驿站的款待百般挑剔，并且凌辱驿丞。这时给海瑞知道了。这下这位"官二代"可栽了。身为县令的海瑞火冒三丈，立即命令衙役拘捕这位公子哥，并扣押至总督衙门，还将他随身携带的大量现银给没收了。不但如此，他还写了一封公文呈递给总督大人说，这个胡公子必定是"冒牌货"，你堂堂总督大人，节望清高，怎么可能有这样一位不肖之子呢？这样说话虽然给了总督大人一个台阶下，可他的事情毕竟做得太绝啊，总督大人顿觉颜面扫地，当时碍于自己儿子有错在先没有发作，但心里可是牢牢记住这位下属了。

过了两年，左副都御史鄢懋卿被任命清理盐法，以期增加政府收入，加强抗击倭寇的财力。这是钦差大臣，可以说是直接决定了地方官的命运，有哪个不毕恭毕敬，敢有丝毫怠慢的？偏偏就是这个海瑞是个不折不扣的实心眼儿。钦差大臣标榜俭朴以沽名钓誉，那是当时的时尚。鄢懋卿自然也不例外，人还没到，先高调地发出了通令，说要刻求节俭，地方官员不得铺张浪费款待他。这样做样子的行为，在当时已经是司空见惯，官员们自然是表面应承得恭恭敬敬，私下更加不敢怠慢，紧锣密鼓地准备好好接待这位大官。海瑞不一样，你发了这样的通文，那我就毫不含糊地遵守。不但遵守，我还得监督你自己遵守。于是，左副都史大人尚未到达淳安，就已经接到一个禀帖，上文：已知台下之通令，台下奉命南下，已探听都皆曰，每席必费银无数，供帐极为华丽，最后要求钦差大人摒弃这些排场和搜刮，不辱皇命。这个禀帖的发文者居然是海瑞。据说，这位都御史接到禀帖后，直接绕道淳安去了而去。这下，海瑞又得罪了一位大官。

海瑞这种直言抗命的精神，虽然可佳，但却不合为官之道，并使他失去了升官的机会。尽管因为这种节俭与正直的行为名声遐迩，保住他渐渐得到提升，历任户部主事，尚宝司丞，大理寺右寺丞，南京通政司右通政，官至四品，但总结一下来看，这些职位都是闲曹，根本没有任何的实权，能够为人民做的事自然非常有限。后来，他求得一个南直隶江苏巡抚，只当了二个月就被人弹劾回家听参了。

这样一位满腹经纶，怀有中兴之治的好官，因为性格上与官场的其他人格格不入，使他终身无法施展才华，成了一个刻板、古怪、而又不得被标傍的人物。

与海瑞处于同一时代的名将戚继光，则大不相同。戚继光一生战功显赫，官场上也一路升迁。由于在对蒙古各部的防御作战中有功，戚继光出任了蓟州总兵，这已是当时的朝廷能够给予一位武将的最高职位了。尽管戚继光晚景有些悲惨，那也是因为受到张居正的影响。相比其他几位不是被杀就是被拘的明朝高级将领而言，戚继光晚年才遭到弹劾被罢黜回乡，已经是不错的了。而他一生所得到的丰功伟绩和耀眼光环，却是海瑞无法相比的。这除了他本身具有卓越的才能，还不得不归功于他的为官之道。

在抗击倭寇的过程中，戚继光就展现出了平衡各方的利益的能力。他与自己的顶头上司福建巡抚谭纶关系处得非常好，因此谭纶对于戚继光几乎是有求必应。这才让戚继光有了大展手脚的机会。后来，谭纶升任蓟辽保定总督，负有京畿的重任，上任没多久，他就提议把戚继光调到他的辖区中担任最高将领。于是，戚继光得到了更大的表现舞台，同时也有机会结识了当时的最高首辅张居正，为他今后的政治身涯奠定了坚实的基础。

对蒙古的战争结束后，戚继光提议增造长城。在当时来说，如此大的工程显然是与整个文官集团的政治思想不相符的。但由于戚继光与首辅及主要实权官员的关系非常好，这一雄伟工程最终得到了支持并付诸实施，这才有了我们今天看到的长城。与此同时，戚继光既得到了名垂千古的机会，又实实在在为人民做了事。

对比海瑞与戚继光的命运，他们虽然同处一个时代，海瑞身为文官却无法与整个文官集团融合在一起，最终被弹劾出局，戚继光出身武将，却与文官们处得水乳交融，利用文官为自己的理想服务，不能不说是性格决定了他们的截然不同的命运。

我们当然不能全盘否定海瑞这个人，毕竟他是一位不折不扣的清官，毫无疑问值得我们敬仰。然而，客观地说，如果他能用更委婉圆润的态度与官场上的同僚相处，也许，他不但能让自己的仕途走得更远一点，也可以拥有更多的机会为民服务，这样岂不更加两全其美？戚继光之所以能够成功，正是因为他懂得权衡利弊，懂得牺牲自己的个性，换来理想和抱负的实现。显然，戚继光为人处世的方法于自己和他人以及人民，都更加有利。

可见，不顺从他人不代表是抗拒，用委婉的方法处世，往往能得到更好的效果。

学会接纳他人

抗拒他人，从本质上来说，还是一种消极避世的态度，其根源仍旧在于不好意思心理。想要改变这种态度，我们就必须学会接纳他人。

有些人常常觉得别人的事情与他无关，他的行为也与别人无关，如果互相看不惯，大可以不来往。其实，这就是不接纳别人的表现。在职场上，这是一种非常消极和不利的做法。

现代职场是一个相对自由而追求个性的群体，即使是上下级之间，也允许保留自己的个性。而每个人的个性都是不一样的，总有你不喜欢的人存在。这就要求我们必须要有宽容的心，善于接纳与自己性格不同的人，才能处理好工作上的合作，至少应该愉快的共处一室而不发生冲突。具体应该怎么做呢？

1. 不对别人有偏见。

在职场中，我们回遇到形形色色的人，有的与你的意见相左，有的干扰你打搅你，有的向你挑战与你竞争。这些来自他人的挑战，常常激怒你，使你怀疑自己，在缺乏安全感的情况下，出于自我保护的需要，你就会情不自禁地抗拒对方，并给他们贴上标签：笨蛋、讨厌的人等。其实，这些负面的标签有很大一部分都是来自你自己的想象。每个人的行动都自有其道理，未必就是不好的出发点，只是你一时没有看清或无法接受，才一厢情愿地给他人贴上了负面标签，这就是偏见。如果你能耐心一点去了解对方，随着时间的推移，你也许会发现自己的错误并愿意修正，哪怕做不到正面的肯定，也要保持中立和宽容，避免态度消极，将自己孤立起来。如果你在一开始就被自己的偏见误导，并执迷不悟，势必对他人产生误解。一旦在思想上否定了某个人，并不再考虑他，就很难再有机会去发展对你们双方都有利的关系了。这一点要特别注意。

宽容是克服偏见的良药。有些问题你乍看是"错"的，但仔细想一想，可能会发现是"对"的，或者至少是可以接受的。从某种程度来说，不对别人抱偏见，就是避免自己被别人偏见，对别人宽容，其实也是对自己的宽容。

善于肯定别人。

接纳他人，还要求我们正确的认识他人的能力，尤其不能低估他人和否定他人。心理学研究发现，人们往往倾向于使自己符合别人对他们的期待。若给一个人机会，他往往会努力达到你的期望。就这一点而言，我们与其否定和抗拒别人，不如从正面去肯定对方，给予对方100%的信任，然后坐等他们用自己的表现来达到你的期望。当然，即使对方达不到你的期望值，也不要冒然否定，否则你就很可能会进入恶性关系的循环中。

3. 不要吝啬赞美。

肯定别人的最好方式，莫过于赞美了，这是一种无本投资，却常常带来意想不到的收益。不管是当面赞美还是背后赞美，都是维护职场关系的好办法，毕竟，没有人不喜欢听好话，也没有人会厌倦来自他人的赞美。一旦对方感觉到了你尊重他，肯定他，信任他，接受他，他就会用相同的态度来对待你，以此进入良性关系循环。

4. 自觉寻找别人的优点。

在职场中，我们不难发现，有些人似乎总在挑剔别人，而有些人似乎天生善于发现别人的优点。其实，没有什么是天生的，不论是挑剔还是赞美，都是一种习惯。习惯了挑剔别人，以后你看到的就会总是缺点。习惯了赞美别人，你总能发现别人身上的闪光点。而处理好职场人际关系，善于发现别人的优点是必不可少的素质。这种习惯并不需要你去花费太多的时间，只要在别人一走进你的眼帘时，就开始寻找对方的优点并要求自己至少要发现一个，久而久之，你就能毫不费力地看到别人的长处了。而一个善于发现别人优点的人，一定会得到别人相应的回报，自己身上的优点也不会被隐藏。

不要苛求完全的对等。

我们容易对他人失望，看到他人的缺点，往往是因为我们过分期待自己付出了什么，别人给予对等的回报。一旦对方的回报让我们觉得是不对等的，我们的抗拒心理便立即跳出来保护我们，使得我们转身离去。但其实，不论是与家人还是朋友，付出与得到都不能完全对等，即使是看起来与我们只有利益关系的同事，也无法实现简单的对等。苛刻的要求，只会令我们陷入不好意思心理的怪圈，不断地期望，不断地失望，不断地抗拒，不断地恼怒，内心永无宁日。面对这样的状况，不妨尝试让自己不过度反应或过分失望，学会接受不尽如人意的结果，

接纳他人，不仅仅是一个简单的心态和动作，而是一种良好人际关系的开始。在需要高度合作的现代职场中，尤其讲究这种良性的人际关系。因此，我们要分清拒绝与抗拒的关系，学会接纳，懂得欣赏他人。当我们真正学会欣赏和接纳他人的时候，也就意味着我们拥有了宽容的心去接纳整个世界。反过来，整个世界都会宽容地接纳我们。

5. 弹性地定位关系

所有的关系都不是一成不变的

我们与某个人的关系是永远不变的吗？比如说，今天是朋友，就永远是朋友；昨天是敌人，一辈子都是敌人；明天是竞争者，就要随时随地剑拔弩张地对抗……如果你真的是这样想的，那么很不幸，你活得太累了。

为什么这么说呢？

从心理学的角度来将，我们总是会努力维持自己在他人心中的形象，保持现有的关系。而这样做，是需要花费精力的。比如说，我们希望自己在他人心中永远是完美无缺的，那么我们就必须掩藏自己的缺点，不在对方面前暴露出来。但之前我们说过，没有任何人是真正完美无缺的，这就意味着我们的负面会被自己隐藏、压抑。长期被隐藏、压抑的负面并不会自己消失，而是回蓄积力量，当有一天我们隐藏不住、压抑不了的时候，它就会跳出来推翻我们的形象。这时候，我们已经习惯了一个看似完美无缺的自己，自然加倍地抗拒自己的负面，与之形成强烈的对抗。那么，最终受伤的还是我们。而如果我们想永远与对方做朋友，就势必要遵循人们常规上对朋友的定义，努力符合其一切特点：互助，有共同语言，仗义。这就使问题回到了前面所说的当我们面对不愿意的顺从的来自他人的要求时该怎么办的问题。为了维持朋友关系，我们往往会认为只能选择违背自己的意愿去顺从对方，然后，我们自己就又被不好意思心理所控制了。如果你将某位竞争者当做永远的竞争者，那么，不论是心理上还是行为上，都会有意无意地与之对抗。心理长期处于对抗状态，是很容易疲惫的。而这种疲惫，会直接影响我们的工作效率，甚至会影响我们在生活中的心态。

因此，过度刻意地坚守某种关系，会让自己陷入被动，心态疲惫，尤其容易受到不好意思心理的控制。

历史长著名的军事家，与张良、萧何并称为"汉初三杰"的韩信，就在不知不觉中陷入了这种悲剧之中。

韩信早年家境贫寒，后来得到萧何的举荐，受到刘邦的重用，担任大将军。他向刘邦提出统一天下的伟大战略，并带兵南征北战，东进灭赵，妙计灭齐，平定四国，击败项羽，最后帮助刘邦打下了汉朝江上，统一了天下。在这个过程中，韩信的军事才能可能千古难求，连大名鼎鼎的"西楚霸王"都被他逼到绝路，饮恨自刎。汉朝建立后，韩信也得以被封为楚王。

然而好景不长，韩信虽居臣子之位，却有震主之功，名高天下，地位看似显赫，其实处境十分危险。果然，不久之后已经成为汉高祖的刘邦就借机削了他的王位，改封他为淮阴侯。这时候，韩信其实已经意识带自己处境的危险，所以他说："果若人言，'狡兔死，良狗烹；高鸟尽，良弓藏；敌国破，谋臣亡。'天下已定，我固当烹！"不过，汉高祖还是手下留情，没有杀他，而是该封他为淮阴侯。

韩信被贬为淮阴侯之后，深知高祖刘邦畏惧他的才能，所以从此常常装病不参加朝见或跟随出行。但他心里却并不甘心，而是日益怨恨，在家中闷闷不乐。并对于和绛侯周勃、颍阳侯灌婴等处在同等地位感到羞耻。一次，他去拜访樊哙，樊哙行跪拜礼恭迎恭送，并说："大王竟肯光临臣下家门，真是臣下的光耀。"韩信出门后，却自嘲地笑道："我这辈子居然同樊哙等同列！"由此可见，他对于自己的身份的改变还是很不满意的。

后来，韩信开始一边装病一边考虑谋反，却最终因犹豫不忍背叛刘邦而被吕后和萧何一起骗进宫中被杀，一代军师奇才就此走向悲剧结局，不得不令人唏嘘。

韩信的死，固然有其历史原因，但归根结底，还是他的性格决定。功成被封王后，他自认为功高，仗着刘邦之前对他言听计从，态度上未免嚣张一些，不懂得收敛，不懂得主动后退，这才一步步招来杀身之祸。

纵观韩信的一身，他的悲惨结局莫不与他不懂得变化与刘邦的关系有关。在战争时期，刘邦知道韩信是不可多得的人才，自然对他言听计从。但时过境迁，当天下不再需要战争的时候，韩信在刘邦眼里便成了一个巨大的威胁，他臆想中的"定时炸弹"，甚至具备原子弹的威力，随时可以将他辛苦建立起来的大汉王朝炸得兵荒马乱，将他拉下好不容易坐上去的龙椅。所以，他不但不再对韩信言听计从，反而想尽快除掉这个心头"隐患"，以稳定自己的帝位。韩信意识到了，却没有彻底看清刘邦这一心理，所以没有及时收敛自己。再者，有人劝他谋反的时候，他又认为不应该背叛刘邦，刘邦也不会对自己如此绝情，所以一直犹豫不决，直至被杀。

后来，司马迁对韩信如此评价：韩信即使在一介平民时，志气也是和平常人不一样的。那时，他的母亲过世，家里贫穷，韩信无办法按照当时的礼节安葬母亲。但是，他却寻找到一个风水宝地——地势高并且宽敞平坦，可以容纳上万户人家居住的地方作为母亲的墓地。假使能够让韩信修学道德，养成谦让有礼的品格，不夸耀自己的功劳，不自恃自己的功劳，那就可以功名与福禄齐全了。那么，他对于西汉王朝的贡献，简直就可以和周代的周公旦、召公奭和姜太公齐名，而他的后代子孙也可以长久地祭祀他了。可是，韩信没有花时间去改变自己，反而在天下都已经统一，人民得到安定的时候，阴谋造反，结果全族受到牵连而被诛杀，这，难道不是天意吗？简言之，就是韩信这个人有本事，却太自以为是，高傲，性格孤僻，不懂人情世故，自认为大汉天下就是他一手打下来的。最终功高盖主，导致刘邦猜忌走向悲惨的结局。

其实，这是天意，也是人为，因为所有的关系都不是一成不变的，不论是一起打江山的君臣，还是普通之交。刻板地固守某种关系，必然会陷入被动。

弹性定位，才是处理人际关系的科学方法

固守某种关系，会让自己陷入被动，被不好心理控制。而避免这种局面的最好办法，就是结合具体情况，具体人物，弹性地定位关系，在这方面，宋太祖赵匡胤可谓是高手中的高手。

宋太祖即位后不出半年，就有两个节度使起兵反对宋朝。宋太祖亲自出征，将他们平定，回来后心里却一直不踏实，担心会再度出现这样的问题。他找赵普谈话，问他："自从唐朝末年以来，换了五个朝代，没完没了地打仗，不知道死了多少老百姓。这到底是什么道理？"赵普说："道理很简单。国家混乱，问题就在于藩镇权力太大。如果把兵权集中到朝廷，天下自然太平无事了。"后来，赵普又给宋太祖出主意，让他免了禁军大将石守信、王审琦两人的兵权，以绝后患。

果然，宋太祖在宫里举行宴会宴请石守信、王审琦等几位老将喝酒。席间，宋太祖亲自拿起一杯酒，先请大家干了杯，说："我要不是有你们帮助，也不会有现在这个地位。但是你们哪儿知道，做皇帝也有很大难处，

还不如做个节度使自在。不瞒各位说，这一年来，我就没有一夜睡过安稳觉。"石守信等人不懂其意，连忙问这是什么缘故。宋太祖说："这还不明白？皇帝这个位子，谁不眼红呀？"这下石守信等听出他话里的意思来了，一时慌了神，纷纷跪在地上说："陛下何出此言？现在天下安定，谁还敢对您有异心呢？"宋太祖摇摇头说："对你们几位我还信不过？只怕你们的部下将士当中，有人贪图富贵，把黄袍披在你们身上，到时候能由得了你们吗？"石守信等人都是绝顶聪明之人，听到此话，立即意识到自己可能将要步韩信的后尘了，赶紧连连磕头，含泪说道："我们都是粗人，没想到这一点，请陛下指引一条出路吧！"宋太祖这才假惺惺地说明其意："我替你们着想，你们不如把兵权交出来，到地方上去做个闲官，置点田产房屋，安度晚年，也给子孙留点家业，我们就不需要彼此猜疑了，这不是更好吗？"石守信等人哪有不从之理，赶紧磕头谢恩，回头就各自递上一份奏章说自己年老体衰，请求辞官回乡了。就这样，宋太祖用一杯酒收回了大将们手上的兵权，开始了中央集权的步伐。

这个历史事件是宋朝加强中央集权制度的重要措施，虽然有人对宋太祖"过河拆桥"的行为不满，但相比那些建国之后开始杀有功之臣的帝王来说，宋太祖"杯酒释兵权"使用和平手段，不伤君臣和气就解除了大臣的军权威胁，成功地防止了军队的政变，已经是相对科学和人性化的安内方略了。

与韩信处于同一时代而齐名的张良，则是另一个会弹性处理关系的典范。知识渊博，擅长谋略和军臣之道，能力与韩信各有千秋。不过，他对刘邦是相当的了解，所以他在大汉一统天下后，选择隐退，这才得以善终，否则很难想象，他的结局又是怎样的。

可见，一成不变的人际关系，看似坚固，实际是脆弱的，一成不变看待人际关系的心态，更是危险的。

职场中也是如此。有些人为企业做出了贡献，得到了老板和上司的夸赞和礼遇，就自以为了不起，是企业的功臣，地位不可动摇了，不但不把同事放在眼里，对老板和上司也不如以前恭敬。殊不知，这正在步韩信的后尘，虽不至招来杀身之祸，却也给人留下了"得志便猖狂"的坏印象。所以，弹性定位关系，实在很有必要。

6.重复是成功之母

重复，让不好意思成为过去

现在，你已经明白了受不好意思心理控制的危害，也懂得了在该拒绝的时候一定要果断拒绝，你觉得自己下次一定能做得更好。但是，每当事到临头，情到关键处，你又忘记了要拒绝，或者觉得难为情，拉不下那个脸，仍然不知道如何拒绝。然后，无数次循环，无数次失败，无数次懊恼，无数次痛恨自己……

你感觉到，摆脱不好意思心理是如此难，以至于你渐渐丧失了信心，开始想"破罐子破摔"。

真的有这么难吗？或许，是你还没有掌握方法，真正有效的方法。前面我们已经提到过不止一个改变的方法，但你就是做不到，为什么呢？不是因为你不了解，而是还没有掌握。怎样才算掌握呢？就是你可以拿来运用，不再需要从头开始学习，已经进入运用阶段了，最好的状态，是能够运用自如了。

而将一个曾经不好意思运用的方法，运用到熟练自如的状态，没有别的技巧，唯有重复。不断地找机会重复，渐渐的，不好意思就会成为过去式，取而代之的，是对不好意思的正确认识，以及正确对待。

前面我们提到过宋太祖赵匡胤"杯酒释兵权"的事迹。其实，在第一次的宴会上，他并没有彻底地将大将们的全力收到自己手上。想必他深谙物极必反的道理，这些人毕竟是开过功臣，功高权重，手下有不少跟随他们南征北战多年的忠诚死士，如果他的态度和手段太过强硬，势必会引起这些人的不满，到时候，不但兵权收不回来，局面还会不堪设想。如果当年韩信真的铁了心反抗，汉高祖未必招架得住。而石守信等人，就是宋朝的"韩信"。所以，他选择了重复的方式来解决问题。宋太祖具体是怎么做的呢？

话说那天的宴会散了之后，石守信等人都各自回家了，第二天早朝，他们便不约而同地各自呈递了一份，说自己年纪大了，身体也多病，没有能力再为朝廷效劳了，请求皇帝允许他们辞官回乡养老去。宋太祖要的就是这样，当然是毫不犹豫地批准了，顺势收回了这些人的兵权。因为是他们主动请辞的，他们的手下也不至于反应很大。不过，为了缓和矛盾，宋太祖并没有让他们空着手走人，不但赏给他们一大笔财物，还打发他们到各地去做节度使。这样一来，就不存在"过河拆桥"的嫌疑了，彼此也都有台阶可下。

然后呢，过了一段时期，有一些节度使到京城来朝见。宋太祖在御花园举行宴会招待他们，对他们说："你们都是国家老臣，现在藩镇的事务那么繁忙，还要你们干这种苦差，我真过意不去！"其实，他哪里是过意不去呢，他是惦记着他们手中那点残留的权力呢！毕竟，有唐朝节度使的叛乱这个活生生的例子在先，而且就在刚刚结束的这个朝代，他不能不妨呐！

这时候，有个聪明乖巧的节度使马上接过宋太祖的话说："我本来就没什么功劳，留在这个位子上也不合适，希望陛下让我告老回乡！"宋太祖露出了微笑。而另一个节度使则是个不知趣的人，自以为功劳很高，唠唠叨叨地把自己跟着宋太祖打江山的经历连说带夸地重复了一遍，细数自己立过多少多少功劳。宋太祖听了，直皱眉头，很不高兴地说："这都是陈年老账了，尽提它干什么？"

第二天，宋太祖便把这些节度使的兵权全部解除了。这一次是他主动下手，但是性质却是一样的。但因为有之前"杯酒释兵权"的事情在先，臣子们有了心理准备，也就能接受被再一次削权了。

宋太祖收回地方将领的兵权以后，接下来便建立了新的军事制度，从地方军队挑选出精兵，编成禁军，由他自己直接控制；各地行政长官也由朝廷委派。这样一来，那些地方势力基本被削弱得成不了气候了，他的北宋王朝也就走向了稳定。

宋太祖整个中央集权的过程，其实就是不断重复的过程。他一次次克服不好意思的心理（别以为皇帝就没有这种心理，只要是人，都会有不好意思的心理），一次次从曾经为他立下汗马功劳的臣子们手里夺取兵权，这样重复的次数多了，臣子们便接受了他的行为，渐渐认同了中央集权是理所当然的事。就这样，宋太祖通过重复，让不好意思成为了过去。

在职场中，我们同样可以用类似的方法来克服不好意思心理。比如，在遇到别人的要求而你想要拒绝的时候，可以选择将对方一个比较大的要求拆分成几个小块，分批重复拒绝，这样既不显得很强烈，又达到了目的。而如果有人不断地向你提你不愿意接受的要求，最好的方法还是重复拒绝，拒绝的次数多了，对方自然知难而退，不再循环下去。

重复，让新的习惯养成

重复，不但能让不好意思成为过去，还能让新的、好的心理和行为变成一种习惯，由此，你便可以从中享受到无穷的益处。

上文我们提到的宋太祖进行中央集权的一系列措施，便是一种新的习惯。当一种措施变成习惯，即使曾经难以接受它的人，也会因为习以为常而不觉得其突兀。

在职场中，我们同样可以采取这样的办法，让自己养成新的习惯，也让别人接受我们的新习惯。

比如，当某位同事经常请你帮忙完成他的工作，就可以采取这样的措施。如果一次因为不好意思而选择不拒绝，那么，遇到得寸进尺的人，会继续要求你给他做这做那，甚至会将这看成是理所当然的，到了那个时候，他将不再感到不好意思，而你，已经不好意思拒绝了。这就是一种不好的习惯在控制着你们，而其中的受害者，很显然只有你。这时候，你就要开始想办法拒绝了，不管用什么理由，哪怕看上去不那么有说服力，也要开始拒绝。如果实在拉不下脸来，你可以尝试将对方的要求拆分成几个部分来拒绝。例如，当对方请你帮忙承担一些工作，你可以坦言无法完成那么多，只能完成其中的一部分。这时候，对方通常是没有办法强加给你的，毕竟你已经帮了他一部分。你承担的这一部分呢，也不要很快地完成，如果不是关系很大的事情，尽量拖延时间，等到对方催要几次了再给他。甚至可以故意降低完成效果，让对让失望。这时候，就不要追求完美了，因为正是你的追求完美才让对方放心地把工作交给你。如果下一次对方还继续请你帮忙，就在上次的基础上承担更少的工作量，如此重复几次，对方基本上已经无法将工作推给你了。而同时，他也习惯了你的拒绝，并不觉得多么难以接受，只会自觉无趣罢了。这就是一个旧习惯的过去和一个新习惯的到来，而其中的受益者，自然也是你。

那么，如果对方不是普通的同事，而是老板或上司呢？你自然也是不能全盘接受的，该拒绝的，还是得拒绝，只是在处理方法上要更加柔和委婉，更谨慎罢了，但这并不意味着不去做。

　　而在与客户谈判的过程中，如果运用好了这个方法，则能带来意想不到的效果。举例来说，你是供应商，而客户是你的产品购买者。在这个关系里面，你其实是处于被动位置的。你的目的是使对方购买你的产品，而对方的目的肯定也是购买产品，但却是以比较低的价格。在这个状况下，如何让客户用你底价以上的价格购买你的产品呢？那就是重复拒绝。你可能有些不理解，明明是要有求于对方，怎么还会拒绝呢？其实，你可以仔细分析一下，假如对方已经认可了你的产品，与你进入了价格谈判阶段，那么，他必定会提出他的要求。只要他提出了你无法接受的要求，就到了你该拒绝的时候。但对待客户，显然不能断然拒绝，否则就没什么好谈的了。但这不意味着你要全盘接受对方的要求。你可以将对方的要求拆分成几个部分，并接受其中比较小的一部分，拒绝比较大的部分。这让看起来是各让了一步，但其实你是让了一小步，而对方让了一大步。之后，再就你让的这一小步继续谈判，尽量使自己的利益最大化。根据客户的心理，假如你一口答应他的要求，他通常会觉得自己买亏了，不是这次交易反悔，就会在下一次交易时提更大的要求。一旦这种恶性循环形成，你基本上已经进入"被动挨打"的局面了。而假如你每次都拒绝对方的一部分要求，就会让客户渐渐习以为常，也为你自己争取主了动权。重复几次之后，你们之间的地位就会不知不觉发生逆转，也许到时候，就该轮到客户以商量的语气请求你让步了。这样，就形成了一个对你来说是良性循环的局面。

　　可见，在任何关系当中，不管是什么样的习惯，其实都是可以改变的，同时也是可以养成你需要的新的习惯的，关键是你要去做，重复地做，让重复成为你的成功之母。

第五章

学会利用『不好意思』

1.巧妙"读心"

读心，是否真的能读心？

之前我们一直在说如何避免被"不好意思"心理控制的问题，但其实，除了避免被控制，我们也可以反过来利用"不好意思"。具体地说，是我们在避免自己被不好意思心理控制的同时，学会利用对方的不好意思心理。要做到这个境界，我们首先要做的，就是了解对方，包括对方的性情，心理活动，思想观念等等。

相传在吉普赛人中间，流传着一种读心术，拥有这种能力的人，能够看穿对方的心思。这终究只是个传说，是否属实还有待考证。不过，科学家们的确发现，人类天生拥有一种"读心"的能力，

科学家们发现，要掌握"读心术"，只需要具备几项条件。首先是语言能力和逻辑思维能力，其次是洞察力、亲和力、认识事物的能力及愿望等等，此外，还需要掌握对他人言谈举止的观察技巧。心理学家们发现，一个人如果刻意在语言上掩饰自己，他总是无法做到"天衣无缝"，最终不是在声调上有所泄漏，就会在微表情、一些细微的动作上"暴露"自己的心理活动。如果人们将自己放入某个角色，通过模仿这个角色的语言、表情、行为

体验，便可以获知这个角色的心理想法。而心理学家也发现，人们正是这样时常下意识地模拟并复制谈话对象的行为，来获知对方的想法与感受的。所以，他们认为"读心术"其实是存在的，而且可能存在于每个人的身上，关键就是人们对它的运用程度。

在科技发达的今天，人们已可以成功使用机器来直接读取人心的心理，这又是一种新型的"读心术"。

塔夫斯大学的罗伯特.雅各布教授和塞尔希奥.凡蒂尼教授经过研发，制作出了一种特殊的、拥有读心能力的电脑。雅各布采用功能性近红外线光谱学，成功设计出一种神奇的机器，这种机器能推知用户的"压力水平"。机器的工作原理是利用红外线传感器将近红外线透过受测者的前额，使红外线在大脑额叶散开，然后，根据血液中氧含量、光线被吸收或者反射的情况，观察出实验者大脑区域的活动。氧化的血液越多，大脑某个区域就越活跃。这样一来，研究人员便可以通过分析红外线传感器侦测，检测出受测者的压力水平，然后得知受测者当时的心理情绪状态。

德国人类认知及脑部科学研究所的海恩斯博士，及英国伦敦大学和牛津大学数位科学家一起，也利用脑部扫描技术成功地预知了人们的想法。他们让受测者对眼前屏幕上出现的两个数字进行加法或减法运算，于此同时，他们利用"功能性磁场共振成像"技术扫描受测者的脑部，并用专业软件进行分析，预测受测者的选择。结果表明，通过这种区分大脑活动细微差别的方法，研究者的预测成功率高达70%。

我们普通人，当然没有条件在现阶段利用机器破解他人的心思，不过，这是否就意味着我们不需要做这个工作呢？

当然不是。其实，在现代人际交往中，尤其是职场中，这种读心能力是社交才能中最基本与最重要的部分，在我们的日常交往中的应用也无处不在。如果缺少一定的揣测他人心理活动和感情的能力，我们真是连最简单的社交都难以应付。一个不懂得或不善于了解他人心理的人，难免在人际交往中捉襟见肘，处处失利，接踵而来的误解常常让他们在一段关系中觉得非常孤独和郁闷。例如，一个过于粗枝大叶的人丝毫不懂得看别人的脸色行事，即使说话做事得罪了人还浑然不知；而性格敏感的人又总是将自己的想法强加在别人身上，常常觉得他人对自己有意见或不喜欢自己。所以说，难以看出他人想法的人，总是使情况变得更糟，而且极易患上孤独症。而如果拥有了"读心"的能力，我们就可以在第一时间直接地了解到对方的想法，以便做出相应的反应，采取合理的措施，避免情况变得更糟，或是将坏事扭转为好事，这对我们来说还是裨益无穷的。

如何读心

那么，我们普通人怎样"读心"呢？我们可能做不到像传说中会读心术的吉普赛人那么厉害，一眼就能看透人家心里在想什么，也不具备利用电脑直接分析人家大脑的条件。但是，只要通过平时的一些简单的训练，我们也可以初步做到如何了解一个陌生人的性情及心里的想法。对于这个问题，最简单的通道就是：观察——分析——整理——结论。

察言观色是人们应该掌握的一个基本手法。人们的内心情绪和情感虽然是无形的，不能直观地看见，但却并非毫无痕迹。它们总是不自觉地通过面部表情、动作、语气语调等流露出来，能够被我们用肉眼捕捉到。所以，想了解一个人的内心活动，察言观色是第一步。

人们总是认为研究心理的专家比起其他人来更善解人意，以为他们能用不同寻常的方法和手段去精准地猜测别人的想法。但实际上并非如此。心理治疗师只不过是比其他人更细心，更善于观察，更能够根据人们的面部表情

（即使是细微的表情），说话方式，语调，使用的具体语言，肢体语言等等，综合分析，做出更为周全的推测。在与他人接触时，如果我们也肯多用一些心思，注意观察他人的表情、面部皮肤的颜色、肢体的动作，仔细聆听对方的语调、语调高低起伏的变化、说话内容，等等，自然也能更好地了解对方的情绪和情感。

仅仅有观察能力是远远不够的。我们每天都在用眼睛观察不同的事物和人物，用耳朵听不同的声音和来自外界的各种信息。但是，这些信息真正进入我们大脑的并不多，很多有用的信息也被我们忽略了，更别说那些看似无用的信息了。因此，在观察的基础上，需要加上有意识的分析，才能使眼睛和耳朵捕获的信息得到妥善的处理，发挥其作用。

当然，分析不仅仅是要靠现行的思维。要想使我们获得的信息发挥最大作用，不但要运用当下的思考，还要调动我们大脑内部的信息记忆库，从中搜索与当下的事物有关的信息，提取出来，与当下获得的信息进行科学有序的整理，使之井井有条，符合常规。有时候，我们还需要打破经验的束缚，运用逆向思维来分析整理这些资料，直到得出相对客观的结论。

结论的出现，几乎可以说是水到渠成的。不过要注意的是，并非所有的结论都是正确无疑的。我们的眼睛和耳朵在捕捉信息的时候或许是客观的，但我们的大脑在分析整理信息的时候，就难免加入主观的成分。这叫要求我们要对结论再度进行分析，以确保我们没有被自己误导，以及没有误解他人。

例如，我们在与一位同事初步接触时，可以根据对方谈论的具体内容、说话的语气语调、面部的表情、所用的肢体动作等等，结合我们以往接触过的不同类型的人以及他们平时的言谈举止特征，将我们面前的人归类为那一类，再提取这一类人所具备的情绪、情感特征，与眼前的人进行对比，看是否能达成一致。如果能够，就说明我们的推测是基本正确的。当然，这只是我们对这位同事的第一印象，至于他是否真的是我们所判断的这样，还要根据进一步的接触和观察来确定。不急着对一个人下结论，是避免我们对他人判断失误的最好方法。

再如，我们在就某个工作项目进行交流的时候，可以根据对方的观点、所用的措辞、谈论说的语气语调、听到你的观点后是表现出不悦、反感、心不在焉、敷衍式的微笑，还是直接与你进行争执，反驳你的观点等等，分析出对方此时的内心情绪，预测其对待这件事的想法和看法。同样的，为了确保我们的判断不出现失误，还可以运用一些小技巧进一步试探，直到确信无疑。

总之，利用自己的观察能力，加上推理分析能力，来整合记忆库中的信息，不断娴熟地做出对他人的猜想，是人际交往中一条可行的通道，在职场中运用它，也可以帮助我们更快速准确地了解他人的内心想法，以便及早做出相应的应对措施。尤其是，在发掘出自己的"读心"能力后，每个人都可能成为一个善解人意、体贴入微、极受欢迎的人，你将不再总是为如何营造融洽的职场关系而大费脑筋。

不过，有了"读心术"，我们还要谨慎地考虑如何使用，尤其要注意不要触碰到对方的敏感神经和底线，更不要拿着你的猜测去到处炫耀，毕竟，所有人都有不想让他人知道的领地，也没有人喜欢自己的内心被他人一览无遗。

2. 了解性情，灵活有方

每个人都有自己专属的性情

在与人接触的过程中，"读心"只能帮助我们了解对方当时当下的情绪和情感，要了解对方更多的思想观念、价值观等，还需要更多的了解。这一点，就需要依赖于我们对对方性情的了解了。

一个人的性情，似乎是更隐秘的抽象的存在，似乎更难以挖掘。睿智的先人们总结了一系列的名言警句时刻提醒自己，比如，"路遥知马力，日久见人心"，"知人知面不知心"，等等。不过，不管如何的总结和提炼，不管背多少这方面的名言警句，识人之难依旧像一座山横在我们的面前。更有趣的是，这个问题还催生了古代一个新行当的诞生---麻衣相士。

不过，相对于跳跃的、随时变化的心理情绪和情感，性情倒是相对稳定的、不变的，因此更有规律可循。

尤其是有了现代心理学之后，我们更容易明白，天庭饱满，地阔方圆未必就是官相，天生的三角眼，扫帚眉未必奸诈阴险，了解一个人的性格，不能简单的凭借相貌去判断，而是要听其言、观其行。甚至一些以前从来不曾被人们留意的生活点滴，也成了了解一个人的最好窗口。站在这个窗口，你会发现，不同的衣着习惯背后，原来是一个个性格迥异的个体，不同的谈吐背后，原来隐藏着不同的偏好和生活态度。无数个看似简单的细节背后，是一个个独立丰富、色彩斑斓的内心世界。

那么，我们应该如何去了解一个人的性情呢？

有句话说得好，"想了解一个人的性格，看他所嘲笑的是什么"。这句话是什么意思呢？我们用比较形象的例子来说明。比如说：一个人喜欢嘲笑穷人，那么他通常是比较看重金钱而且势利的；一个人嘲笑别人没文化，他通常是有点文化并且自命不凡的；一个人嘲笑别人做事的方法不对，他通常是一个喜欢挑剔喜欢指责别人的人；一个人嘲笑别人的长相和穿着打扮，那么他是一个比较注重外表的人……总之，人们有时候喜欢用嘲笑的方式，来表达自己的观点，而他们的观点和他们嘲笑的东西则恰恰相反。从一个人嘲笑的对象，我们大致可以看出这个人的人生价值观，再从他的价值观去推断他的性格，基本上就八九不离十了。

如何了解一个人的性情

当然，并非所有的人都用嘲笑的方式，喜欢通过嘲笑的方式突显自己性格的人，也未必随时随地都在嘲笑他人，所以这个方法更多的具有巧合性，不太适合我们随时随地拿来运用。正因为这样，寻找更多的方法来了解一个人的性情，就成了我们在人际交往中的必修课。

从大的、比较概括的方面来讲，了解一个人的性格，要从这几方面来着手：

一、对方的生活环境。

这里说的生活环境包括成长环境和以往的生活环境，以及目前的生活、工作环境。具体又包括经济环境、文化环境、情感环境，等等。因为一个人的成长和生活离不开环境，而环境是直接早就一个人的性格的。我们遇到什么样的人，在什么样的环境里成长和生活，他的性格必定受其影响。一个人的成长环境很可能会影响他的终生。比如一个幼年生活在贫困环境的人，长大后对金钱的敏感度可能要比一般人更加强烈；而一个从小衣食无忧的人，对金钱的概念通常会模糊一些。甚至连中国的文学巨匠鲁迅也逃不过其祖父以及家乡的环境在童年时期对他性格形成的影响，可见环境对一个人性格形成的重要性。

二、对方的受教育背景。

教育可以改变一个人，这是毋庸置疑的，不论改变的程度是大还是小，它一定在发挥着重要的作用。而且，这也是除环境之外唯一能很大程度上影响一个人世界观、价值观和思维方式的因素了。教育在无形中把人分开，分成不同的类型，也直接影响着人们在生活和工作中的处事态度和方法。用世俗一点的观点来将，我们可以理解为，一个人的受教育背景，直接决定了他各方面的素质，而一个人的素质又决定了他为人处世的方式和方法。所以，虽然我们不能仅凭学历判断一个人，但却可以参考一个人的受教育背景来判断他的性情。

从小的、更具体的方面来讲，了解一个人的性情，需要从以下几个方面去做：

1. 看他的穿衣风格。

这不是教大家以貌取人，而是实实在在的，一个人的穿衣风格可以在一定程度上反应出他性格方面的一些东西。大侦探福尔摩斯就经常通过一个人的穿着打扮判断其身份、性格等，这不是小说里的凭空猜测，而是有一定的科学依据的。电影里的花花公子通常会一身花里胡俏的打扮出境，性格保守的姑娘总是穿着包裹严实的服装，老实巴交的农民从他规规矩矩的裤腿上便可以看出他的朴实与谨小慎微……其实导演的目的也在于通过服装反映角色的性格特征。

现实生活中，我们也可以通过一个人的穿衣风格推断出其大致性格。比如说，一个人偏好宽大的衣服，那么他的性格应该是追求自由，不喜欢受束缚的；一个人喜欢穿紧身的、容易勾勒出全身轮廓的衣服，那么他通常比较喜欢受到大家的关注，也容易以自我为中心；而一个喜欢穿暖色调衣服的人，性格通常都比较宽容柔和；一个总是选择用冷色调服装包裹自己的人，性格则比较沉静，甚至是忧郁的；一个喜欢穿休闲装的人，则意味着他比较追求休闲，心态也比较年轻；而那些穿着刻板老气的服装的人，常常抗拒新鲜事物，也排斥年轻人的"喧闹""花俏"……

不过，任何事情都不能一概而论，服装虽然能从一定程度上反映出一个人的性情，却不是绝对的。中科院心理研究所研究员王极盛也强调："影响和反映一个人性格和心理的因素有很多，服装确实能反映人的某些心理特质，这可以作为我们认识一个人的参考，但不能武断地一概而论。因为人们选择服装会有很多偶然性，比如有时候，人们会因为时间、场合不一样，选择不同的服装。"这一点，尤其需要注意区分。

2. 听他的语速、语调。

语言不仅仅是我们与他人交流的工具，事实上，它还在无形中反应出一个人的性情。不同性情的人，在语速、语调上会有所区别。

例如，一个人说话总是语速很快，一般可以肯定他是一个急性子，而急性子的性情特点就是做事非常有效率，追求速递，但是往往性格会比较的急躁一些，也容易出错。语速慢的人，则有可能是慢性子，做事情比较有条理，不疾不徐，但难免有点慢，有的时候还会出现犹豫不决的表现。一个人说话音调总是很高而且快，可以反应出这个人精力充沛，情感饱满，做事也会比较有激情。但若发生争执，你可能未必是他们的对手。而一个人说话音调总是低沉缓慢，说明这个人性格沉静，甚至缺乏激情，跟这样的人在一起，容易感受到压力，但他们通常也不会一点就着。口若悬河的人，其性格特征通常是说多做少，善于推卸责任，喜欢用夸夸其谈来掩盖自身的无能和内心的空虚，也掩盖他们的不好意思心理。说话木讷的人，一般心地善良，个性正直，工作上脚踏实地，办事认真负责。而说话粗声大气的人，大多性格外向，感情平静。喜欢低声细语说话的人，性格则比较内向，多有自卑心理，敏感多疑，自尊心比较强。

3. 注意他谈论的话题。

一个人喜欢谈论和讨论的话题，暗示着他的性格基因，比如兴趣爱好、关注的方向等等，这也可以反映出一个人的性情。例如：一个人喜欢谈论政治，针砭时弊，说明他比较关注时事，但也意味着他喜欢评论他人，喜欢发牢骚；一个人总是谈论私事，说明这个人缺乏隐私概念，也要小心他传播你的隐私；一个人喜欢谈论文艺，说明他具备一定的艺术修养，但也可能他是个喜欢标榜自己的人；一个人喜欢谈论体育，说明他比较活跃，比较有激情，但他也可能容易浮躁。而那些好谈往事的人，尤其是喜欢谈论过去的成就的人，是在有意无意地炫耀自己，同时也说明他内心的空虚，对现实有所不满，或者在你面前感到自卑，希望用往事弥补失意的心态。而喜欢炫耀现状的人，则虚荣心很强，目中无人，总认为自己比人家强。那些喜欢对他人说长道短、评头论足的人，往往喜欢挑剔别人，容易为一点小事和别人翻脸……如果想更快地了解一个人，那就与他聊天吧！

4. 关注他经常使用的语言。

说话聊天时，每个人都有自己的语言特色，这也是反映一个人性情的细节。比如，一个人说话满口爆粗，就不要指望他是一个斯文有礼的谦谦君子，要避免与他发生冲突，在工作中遇到冲突最好请上司帮忙解决；一个人说话引经据典，说明他博学多识，但也可能是个"纸上谈兵"的人，与他一起处理工作时就要留心他所用的具体方式是否会对工作有用；一个人满嘴港台腔，有事没事撒个娇，习惯用撒娇解决问题，他的性格可能比较具有依赖性，在工作中，这类人喜欢推卸责任，能不干的工作，他们绝对不会主动去干……

3. 针对不同性情的人，灵活应对

在了解性情的基础上与不同的人打交道

每一个人，都有自己独特的性情，个这些独特的性情则会直接反应在他们与人的接触交往上，也反应在他们处理工作时的态度和方法上。别人的性格和处事方法，看起来跟你没有多大关系，实则关系紧密。因为在职场，不论多么小的企业，你都免不了要与不同性情的人打交道，而且总有些人是不易打交道的，比如傲慢自大的人、死板僵硬的人、自尊心过强的人、敏感多疑的人，等等。所以，我们必须因人而宜，采取不同的交际策略，不同的方式方法来对待，做到灵活处理，才不会让自己陷入被动的局面。

下面，我们具体来列举一些性格及其应对方法。

1. 傲慢自大型的人

这类人性格高傲、自视甚高，举止上也难免傲慢无礼、出言不逊，因为别人在他们眼里，只是无名小卒，他们往往自认为能力也高过别人。面对这样的人，最好的方法是敬而远之，尽量减少与他相处的时间，尽量不要在一起做事。如果无法避免，那就采取言简意赅的方式表达你的观点和处理办法，而且要明确，气势上不能胆怯，给对方一个干净利落的印象，不给他表现傲慢的机会，这样一来，他的傲气就难以施展了。

2. 争强好胜型的人

争强好胜型的人与傲慢自大型的很很相像，他们通常比较狂妄自大，喜欢炫耀，总是不失时机自我表现，力求显示出高人一等的样子。不同的是，他们比傲慢自大的人更要面子，好占上风，凡事一定要"赢"才罢休。对于这种人，看不惯那是自然的，但为了不伤和气，也不免要谦让着些。但他们往往将别人的谦让当做是软弱，反而得寸进尺，更不尊重你，甚至瞧不起你。一旦他们表现出这种态度，就一定要当机立断，寻找适当的机会挫挫他的锐气，拿出你的真本事镇住他，使他知道，山外有山，人外有人，不要随意轻视别人，更不能不尊重别人。

3. 死板僵硬型的人

这一类平时喜欢板着一副脸孔，不苟言笑，思维也比较刻板僵硬，不善于变通，甚至抗拒别人的变通。与这类人打交道，就要"脸皮厚"，避免不好意思，不必在意他的冷面孔，相反，要用热情洋溢的状态去对待他。俗话说，伸手不打笑脸人，面对你的热情，他通常都会不好意思继续板着脸孔。这时候，再仔细观察他的言行举止，寻找出他感兴趣的问题和比较关心的事进行交流，就很容易敲开"冰窟窿"了。尤其需要注意的是，如果他们对你的提议表示反对，不要强硬地塞给他们，不能急于求成，而是要尽量耐心地解释，并列举其中的好处，这样的方式他们比较容易接受。假如他们一时接受不了，那就换个时间，换个场合，再继续"攻坚"，要相信，在热情面前，"冰块"总有一天会化的。

4. 城府较深的人

这种人通常不太爱说话，但很注意观察别人，有时候你一句无意的牢骚，也会被他有心地记住。所以，在这类人面前，少说话是避免被抓住把柄的最好办法。

另外，这类人倒不是"空瓶子"，其实他们对事物不缺乏见解，只是不到万不得已，或者不到对他有利的时机来临，他绝不轻易表达自己的意见，生怕被别人"窃取"了去。这种人在和别人交往时，喜欢工于心计，隐藏起自己的真面目，跟他们打交道，一定要有所防范，不要让他完全掌握你的全部秘密和底细，更要提防他给你出的主意，因为他很可能不是在帮你，而是在给你设陷阱。

5. 口蜜腹剑型的人

口蜜腹剑的人，最大的特点是"明是一盆火，暗是一把刀。"这样的人也最好绕道而行，保持安全距离。平时，能不一起处理工作就不要一起处理，实在避不开的时候，不妨每天记下工作日记，或者故意让其他同事知道你们的工作进展及具体分工，为日后应对做好准备。

尤其要注意的是，这类人往往会主动亲近你，挑好听地花说，变着法儿夸赞里。千万不要被他们的"糖衣炮弹"给迷惑了，要知道，蜜的背后，很可能藏着刀。对这类人来说，无本投资他们是绝对不会干的，即使是夸赞人，也必然是有所目的。如果你因为不好意思用冷淡的态度对待他们，或者被他们的花言巧语迷惑了，那就等着掉进坑里吧！

6. 尖酸刻薄型的人

尖酸刻薄的人平时说话就不太中听，他们习惯了冷言冷语，还喜欢讽刺别人，专挑别人的痛处去刺。而且喜欢幸灾乐祸，胡搅蛮缠，有理不让人，无理也要搅三分。一旦与这类人发生利益冲突或者争执，他们更加不会留余地和情面，丝毫不顾及别人的感受，怎样对他们有利，他们就会怎样做。最可怕的是，他们会想尽办法让你在众人面前丢尽面子，在同事中抬不起头。

碰到这样的人，一定要离得远远的，能不打交道就不要打交道，即使无法避免打交道，也要做好心理准备，情愿吃一点小亏，也不要与之计较，否则被他们搅和得被人指指点点，赢了也是输。当你听到他们无事生非地评论你、中伤你时，也最好不要去争辩，应装做没听见，不恼不怒，相信清者自清，这样他们就"一个巴掌拍不响"了。

7. 性情急躁的人

在生活和工作节奏逐渐加快，社会压力越来越大的情况下，急躁的人似乎也越来越多，人们不再有耐心保持冷静，用理智解决问题。遇上性情急躁的人，一定要让自己的头脑保持冷静，即使对方莽撞急躁，你也要从容不迫地应对，再加上宽容的态度，和善的微笑，尽量去影响对方的情绪，使之冷静下来，尤其不能与对方争吵辩论。争锋相对，只会使事情越来越糟，关系越来越恶劣，更何况，性情急躁的人脾气一上来的时候，理智基本上就可以忽略不计了。

当然，生活中我们遇到的人，可能还不止这几类，但万变不离其宗，不论是哪种类型的人，其性格都有好的一面和不好的一面，在与他们相处时，多发掘对方的优点，避开对方缺点的影响，并注意避免自己被不好意思心理控制，在这个基础上，再用巧妙的办法使对方因为不好意思而进入被动局面，问题便迎刃而解了。

值得强调的一点事，很多人都将灵活处理与他人的关系看成是"八面玲珑"，"多面派"。其实，八面玲珑未必就是坏的品质，它与"见风使舵"是有本质区别的，前者更注重与不同的人处理好关系，后者则是虚伪的表现。我们往往会因为将灵活处理与他人的关系看作是不好的行为，因而被不好意思心理控制，抗拒这种行为，这才是大错特错。

历史上有名的"汉初三杰"之一，大汉朝开国首功萧何，便是一位"八面玲珑"的人。萧何性格随和，很善于识人，更善于与不同的人打交道，因此结交了许多好朋友。其中，屠夫樊哙，狱掾曹参，车夫夏侯婴，还有吹鼓手周勃（名将周亚夫的父亲），还有大将军韩信，这些人性格各异，每个人身上都有优点也缺点，但萧何却用非常灵活的方式，与每个人都相处得很好，尽量利用他们的优点，避免他们的缺点，用一般人难以做到的方法将这些来自三教九流的人聚集在刘邦身边，帮助他成就统一天下的大业，建立起大汉江山。也正是由于他十分了解刘邦，很会处理与刘邦的关系，才避免了韩信那样"功高震主"的结局，得以善终。

萧何的成功，不是偶然，而是必然，而这种必然很大程度上正是归功于他的"八面玲珑"，灵活处理与不同的人的关系，这对于今天身在职场的我们，仍然具有很重要的借鉴意义。

4. 换位思考，想人所想

懂得换位思考

有这样一个笑话：

妻子正在厨房炒菜，丈夫在一旁唠叨个不停："慢些！""小心！""火太大了！""赶快把鱼翻过来！""油放太多了！"被催得手忙脚乱的妻子生气地脱口而出："我懂得怎样炒菜，不用你指手画脚的！"丈夫平静地答道："我只是要让你知道，我在开车时，你在旁边喋喋不休，我的感觉如何……"

另一个笑话发生在几只动物之间：

一头猪、一只绵羊和一头奶牛，被牧人关在同一个畜栏里。有一天，牧人将猪从畜栏里捉了出去，只听猪大声号叫，强烈地反抗。绵羊和奶牛讨厌它的号叫，于是抱怨道："我们经常被牧人捉去，都没像你这样大呼小叫的。"猪听了回应道："捉你们和捉我完全是两回事，他捉你们，只是分你们的毛和乳汁，但是捉住我，却是要我的命啊！"

这两个笑话，都反映了同一个问题，那就是：人们应该学会换位思考。

的确，处境不同，立场不同的人，对同一问题的看法是很难达到完全一致的，因为人们习惯性地从自己的角度出发，考虑对自己最有利的一个方面，因此很难了解他人的感受，也难以设身处地为别人着想。正因为这样，要想在职场中更好地处理与他人的关系，避免被不好意思心理操控，我们要学会换位思考。

什么是换位思考呢？顾名思义，换位思考就是设身处地为他人着想，即想人所想，理解至上的一种处理人际关系的思考方式。有这种思考方式作先决条件，我们才能做到说话做事给别人留余地，同时也避免误会他人。

但是，换位思考仅仅是换一个角色吗？比如，由老板变成员工，由上级变成下级，由甲变成乙？其实，简单的角色变换，只是换了一个空壳，或者说只是掌握了换位思维的形式，但实际上却并不能证明真的改变了思维角度，真的做到了从外而内去理解对方。

比如说，公司要求每个部门抽调一个人在周末安排值班，你家里有一位才几个月大的孩子，而你的同事要在周末去外地约会男朋友。你觉得谁更没办法来公司值班呢？如果你觉得假如是你，就可以接受换一个时间与男朋友约会，那么，其实你还没有真正做到换位思考。因为在你看来，照顾孩子显然比约会男朋友要重要。可是，对于你的同事来讲，她根本就没有孩子，凭什么要拿与男朋友约会这件头等大事与照顾孩子来比较呢？对她来说，现阶段最重要的事情就是与男朋友约会了。而如果你的同事也认为，如果站在你的角度，她可能会考虑让家人带孩子。那么，就说明她也没能做到真正的换位思考，因为她的思维模式是：先约会，结婚，才能有孩子。她还不懂得，在一位母亲的心中，孩子永远是最重要的。

再比如，很多人喜欢给别人指指点点出主意，认为怎样怎样做才是最好的。可是，那些主意也好，点子也好，对当事人来说，却未必是"最好"，出主意的人只是用自己思维模式的延伸，在试图想办法解决别人的问题，其实，终究还是解决不了问题。

马云一直是商界的风云人物，尤其是近几年连连退出大动作之后，更是成为人们谈论评判的对象。很多人说淘宝不诚信，马云也不诚信。但马云肯定不这样想。站在他的角度，他也许会认为他在一个缺乏严格规则的社会中，尤其是缺乏严格规则的互联网交易平台，他能做到的极限，就是要将企业做大，给客户带来利益，为股东和员工带来福利，对他来说，这才是最大的诚信。而且，他做的每一个决定，所能带来的后果，他应该比任何人都清楚。至于能不能被其他人理解，他就无能为力了。毕竟，他不是别人，别人也不是他，各自站在自己的角度看问题而已。

所以，换位思考说起来简单，做起来却并非那么容易。当我们在对别人评头论足的时候，有没有想过，其是我们是"站着说话不腰疼"呢？当我们对他人不满的时候，有没有想过，别人或许根本无意冒犯我们，只是站在他自己的角度来说话做事？当我们抱怨企业给予我们的待遇不够好、升职机会不够多的时候，评判老板吝啬的时候，有没有想过，他是站在企业发展的角度和追求企业整体利益的角度，而不是让某一位员工青云直上、衣食无忧？当我们抱怨某位同事不够聪明，工作能力不够强，未能与我们融洽合作的时候，有没有想过，每个人的受教育经历都不一样，处理工作的方法也不一样，你的标准，未必就是正确的标准？

总之，当你不能真的站在别人的角度看问题，不能理解别人思考问题的方式，就不能真的理解别人的行为模式，更谈不上做到真正的换位思考。

如何换位思考

做到真正换位思考虽然不容易，却并不是完全不能做到的，只要掌握了一定的方法和技巧，还是可以实现换位思考的。

首先，要深入体会别人的处境。

《庄子·秋水》里有一段很有意思的对话：

庄子与惠子游于濠梁之上。庄子曰："鲦鱼出游从容，是鱼之乐也。"惠子曰："子非鱼，安（焉）知鱼之乐？"庄子曰："子非我，安（焉）知我不知鱼之乐？"惠子曰："我非子，固不知子矣；子固非鱼也，子之不知鱼之乐，全矣。"庄子曰："请循其本。子曰'汝安（焉）知鱼乐'云者，既已知吾知之而问我。我知之濠上也。"

这段话看起来像是绕口令，也有很多人因此将庄子看成诡辩高手。但其实，这段话反映出来的问题正是我们要说的，如果无法深入体会别人的处境，就无法得知别人的真正想法，也就不能做到换位思考。

所以，假如两个人经历相似，思维结构类似，换位思维就容易多了。不过，这还是不代表你真的就具有换位思考的能力，除非你的大脑和心智保持开放，能容纳不同的价值观和思维方式，尝试用别人的思维结构来思考，甚至是你不接受的思维方式来思考，然后接受你觉得匪夷所思的结果。

在职场上我们固然不能跟别人对换角色，但如果能静下心来，站在别人的角度想一想，衡量一下，或许，我们对他人会多一些理解和宽容，我们的职场关系也会更加的融洽。

比如前面所说的周日值班的例子，假如两位同事之间能彼此体会对方的处境，懂得对对方来说最重要的是什么，就不难理解和体谅对方了。

其次，要多一些宽容。

人们最容易犯的错误之一，就是对自己宽容，对别人苛刻，所以经常指责别人，为自己找借口。要做到换位思考，就要求我们对人对己采用同一标准，如果能做到宽人严己，那当然更好。这样一来，我们用要求自己的标准去要求别人，就会自觉地"己所不欲，勿施于人"，用要求别人的标准来要求我们自己，就会发现，每个人都有自己的难处，原本就不是别人"错"，而是我们自己"不对"。即使别人真的错了，也要宽容对待，否则，当你犯错时，对方很可能用相同的方式对待你，这也是某种程度上的"换位思考"。

最后，要避免换位强迫。

换位强迫，形象地来讲，可以用这个例子来解释：父母对孩子说：我要是你，我就会如何，如何。这不是帮孩子换位思考，而是换位强迫。如果进入了换位强迫模式，那么不管你如何换位思考，也只是用一种线性思维代替另一种，终究是一种强迫。

所以，当你准备对同事说，我要是你，我会怎样怎样的时候，最好三思，你以为你是在换位思考，但也许，你正在进入换位强迫模式。

换位思考是融洽人与人之间关系的最佳润滑剂。而人们刚好有个与之相反的特征，即总是站在自己的角度去思考问题。假如我们能换一个角度，尝试站在他人的立场上去看待和思考问题，毫无疑问，最终的结果会让我们与他人之间多了一些理解和宽容，改善和拉近了人与人之间的关系，在工作协作上也会更加的默契融洽，即使遇到竞争，也能相互理解，而不是由竞争衍生出敌意。而对于一个团队来说，也只有换位思考，才能增强凝聚力。这才是真正的双赢。

5.不拘经验，避免被误导

经验并非都可靠

一头驴子背着一袋盐渡河，却不小心在河边滑了一跤，跌在水里，盐也滑落进水里溶化了。驴子站起来时，感到身体轻松了许多，它高兴坏了，以为获得了减轻负重的宝贵经验。后来有一回，驴子背了一袋棉花，以为再跌倒就可以同上次一样轻松了。于是，它走到河边的时候，故意倒在了水里。可惜，这次棉花吸收了水，非常重，驴子非但不能再站起来，身体还一直沉向水底，直到被活活淹死。

驴子为什么会被淹死？其实原因很简单，驴子并不是被那袋棉花害死的，而是被它自己引以为傲的经验害死的。

经验包括知识、技巧、方法，等等，是人们体验或者观察事物或处理事件后所获得的心得，很多时候被人们作为人生存在、处事、生存的关键。生活中，很多人做事相互凭经验，在职场中，沾沾自喜于自己富有工作经验的人也大有人在，甚至企业招聘往往都明言要求应聘者有怎样怎样的经验。

的确，正确的经验能狗指导人们做出正确的事情，避免走弯路，更有效率地完成工作。但是不要忽略了一点，那就是错误的经验也能误导人们走更多的弯路，犯重复的错误。

有这样一个故事：

一个男人不幸失去了妻子，家里只剩下他和几个月的幼儿。他既要忙于生计，又要照顾孩子，根本分身乏术。于是，他训练了一只狗来帮助他照顾孩子。幸运的是，那只狗聪明听话，不但会看护小孩，还会用嘴叼着奶瓶给孩子喂奶，简直就是一位家庭保姆。

有一天，男人出门工作去了，出门前叮嘱狗要好好照顾他的孩子。但是，因为遇到了大雪，他未能及时赶回家。想到孩子在家有那只狗的照顾，他焦躁不安的心里总算是有一点安慰。

第二天，男人回到家中，还没进屋，狗就听到了声音，飞奔出来迎接主人。男人则飞奔进屋看他的孩子。当男人进入房间里，你猜他看到了什么？眼前的一幕简直让他触目惊心：满地鲜血，连床上都是。更令他震惊的是，孩子居然不见踪影。而此时，狗待在他的旁边，他这才注意到，狗满嘴都是鲜血。他心里一惊：不好，狗本来就只是一只动物，具有兽性，况且，狗是人类通过驯养狼得到的，它们的祖先就是嗜血的狼，我怎么能将孩子交给一只骨子里流淌着血腥的兽呢？我可怜的孩子，一定是被这只残暴的兽给吃掉了。

想到这里，他顿时又懊恼又痛心，加上愤恨难当，直奔厨房拿起刀就劈向狗头，把狗杀死了。

狗倒地的一瞬间，他却突然听到了孩子的声音。循声而去，他在床底下找到了孩子。孩子安然无恙，甚至不曾受伤，只是身上也沾了鲜血。他抱起孩子再仔细看看狗，才发现狗一只腿上的肉被撕掉一大块。他环顾房间四周，又发现一只狼躺在床的旁边，嘴里还叼着一块狗的肉，但狼也浑身是伤，已经断气。

男人恍然大悟，原来，不是狗吃了他的孩子，而是狗为了救他的孩子杀死了狼，最后却被他杀死了。

这个故事给了我们一个意味深长的启发：凭借经验去判断他人，并非总是正确的，而且往往会让我们因误解而犯错。男人正是因为凭借狗的"出身"判断出是它兽性大发吃掉了自己的孩子，才误将原本十分忠诚的狗杀死。

可见，经验是财富，也可能是陷阱，关键在于你是否运用得当。

避免被经验误导

武断的人可能会说，既然经验那么可靠，直接抛弃不就完了，省得利用不成反受其害。如果真是这样，那显然是因噎废食的行为。每次都从零开始，不论是对社会、企业还是个人，都是一种资源上的浪费。人类发展史上，若代代都抛弃以往的经验，还谈何进步呢？

那么，经验出现危机时，我们应该如何避免呢？又如何让经验变为自己的正能量呢？最重要的是，我们怎样做到既能让经验发挥其价值，又避免被误导？

我们不妨从以下几个方面去做。

1. 参考但不照搬。

经验对我们具有一定的指导意义，能够帮助我们少走弯路，快速地找到正确的方法解决问题，这是毋庸置疑的。因此，我们主张大家要学会总结经验，在遇到与以往的经历相类似的事情时，学会利用经验，以便事半功倍地解决问题。

但是，对于以往的经验，我们只能参考，不能照搬。参考与照搬的区别就在于，前者只是将经验当做一个可选项，而后者是将经验当做必选项，而且是唯一的必选项，除此以外，他们不再寻找别的答案来解决问题。

这样做的结果，就是我们很容易被固有经验束缚，用不适用于当下的方式解决当下的问题，这样是不可能成功的。

2. 借鉴但要变通。

不照搬经验，就要求我们不用想当然的方式对待问题，而是要懂得变通，学会用新的思维方式来认真对待当下的问题。如果凡事不经调查与分析就凭"经验"采取行动，必定会做出错误的抉择，因为，正如世界上没有完全相同的两片树叶，即使再相似的事情，都不可能完全一致，自然也不适宜用完全一样的方法来处理。

对于经验，最好的对待方式是学习借鉴，而不是唯经验是从，更不能让经验蒙蔽双眼、束缚思维，影响我们的判断力。

3. 理性思考，升华运用。

经验是一把双刃剑，好的一面是让我们少走弯路，加速成长的步伐，提高处理工作的效率。不足的地方就在于，经验本身也有其局限性，并非"放之四海而皆准"，更不是我们百用不爽的"金钥匙"。这就要求我们在平时的工作中，时刻保持一种清醒的头脑，充分发挥理性思维的作用，并用发展的眼光看问题，在沿用一些经验时，多分析一下这些经验是否真的适合当下的情况，如果加以调整，是不是能够更好地为我们服务？毕竟，连已经十分先进的电子产品都在不停地升级换代，我们又怎么能守着一个一成不变的经验用上一百年呢？

所以，在承继之前经验中合理性的基础之上，结合当前事件的具体情况，对经验进行更深层次的分析、概括、提炼、升华，再进行运用，是很有必要的。

而经验主义最大的问题就在于，他们总是习惯用一成不变的眼光看待不同的问题，忽略了要去分析当下事件的真实、具体情况，直接将过去已经过时的经验生搬硬套，自然也就不能准确把握问题的症结所在，更谈不上什么解决问题，处理问题了。

最后，以一个故事结束吧！

心理学研究者将四只猴子关在一个密闭的房间里，每天给它们喂很少的食物，以便让它们保持饥饿的状态。猴子真的每天被饿得吱吱乱叫。几天后，研究者在关猴子的房间上面的小洞放下一串香蕉，于是，一只饿得头昏眼花的大猴子一个箭步冲向前，直接扑向香蕉。可是它还没拿到香蕉时，就被预设机关所泼出的热水烫得浑身都是伤，疼得它吱吱乱叫看，在地上又蹦又跳，表情痛苦极了。其他三只猴子扑向香蕉时，也没有逃脱被热水烫伤的命运。四只可怜的猴子，满身伤痕却没吃到一口香蕉。

又过了几天，研究者将笼子里的一只猴子放出去，换进一只新猴子。当这只猴子尝试爬上去吃香蕉时，立刻被其它三只老猴子制止了。几天后，研究者又将一只曾被烫伤的猴子放出，再换入一只新猴子。有趣的事情发生了，这次不仅两只曾经被烫伤的猴子制止了新猴子去吃香蕉，连那只没被烫过的猴子也加入了劝阻的队伍，极力阻止它去"冒险"。

这就是经验的误导作用，不可思议，却真实存在。

6. 亲疏有度

职场上与人关系亲密一定好吗?

现代职场，除了注重一个人的工作能力外，还比较讲究人际关系的处理。心理学上证明，良好的情绪和情感，能够引导人们做出良好的行为。所以，和谐的人际关系，能够让人处于正能量的包围中，使身心在愉悦的状态下，更好地激发出潜能。在实践中，大部分的职场人士也感受到了和谐同事关系的重要性，它能让一个人与周围同事的工作协作变得更简单，也更有效率。正因为如此，不少职场人士开始花不少的精力在人际关系的维护上。

但，怎样的职场人际关系才是最科学、最合理的呢？与同事亲密无间、不分彼此？与同事称兄道弟、义气重天？还是与某些同事"歃血为盟"，与另一些同事"不共戴天"？

在回答这个问题之前，我们先来看看孙膑与庞涓的故事。

孙膑和庞涓同为鬼谷子先生门下的学生，两人同窗，情谊甚厚，还结拜成为了兄弟，平时形影不离。

后来，庞涓耐不住深山学艺的艰苦与寂寞，先行下山到了魏国谋求富贵，孙膑则觉得自己学业尚未精熟，还想进一步深造，加之舍不得离开老师，就留在了山上。临行时，庞涓信誓旦旦对孙膑说："我们弟兄有八拜之交，情同手足。若将来我能获得魏国重用，一定迎取孙兄，共同建功立业！"两人洒泪而别。

庞涓到了魏国，果然受到了重用，成为元帅、执掌魏国兵权，并连连打了胜仗，令魏王赞赏不已。他的声威与地位顿时一日千里。而庞涓自己也认为取得了盖世大功，自大得不可一世。

与此同时，仍在山中跟随先生学习的孙膑，得到了鬼子子秘不传人的孙武子兵法十三篇，学艺更精，才能已经远远超过庞涓。

一日，从山下来了魏国大臣，礼节周全、礼物丰厚，代表魏王迎取孙膑下山。孙膑以为是学弟庞涓以魏王名义请他共创大业，很高兴两人的情谊并没有失去，遂在老师的支持下跟随魏使下山到了魏国。孙膑不知道的是，请他来魏国的并非庞涓，而是另有其人。

孙膑到魏国后，急忙去看望庞涓，并住在他府里。庞涓表面表示欢迎，心里却万分不安、不快，惟恐孙膑抢夺他一人独尊独霸的位置。又得知自己下山后，孙膑在先生教诲下，学问才能更高于从前，心内十分嫉妒。

第二天两人上朝。魏王要拜孙膑为副军师，与庞涓同掌兵权。庞涓赶紧找借口说："臣与孙膑，同窗结义，孙膑是臣的兄长，怎么能屈居副职、在我之下？不如先拜为客卿，待建立功绩、获得国人尊敬后，直接封为军师。那时，我愿让位，甘居孙兄之下。"此时，魏王和孙膑都不知庞涓的阴险用心，还被他感动着呢。孰不知，客卿，半为宾客，半为臣属，不算真正的魏臣，自然没有实权，只空享一种较高的礼遇而已。

从此孙膑与庞涓朝夕相处，论谈兵法。庞涓时时因学识粗浅而无话可答，而孙膑却诚心诚意为他讲解介绍。庞涓知是孙膑学过孙子兵法所致，故意叹气自责："愚弟当年也经先生传授，但近年忙于政务，几乎遗忘了。能不能把孙子兵书借我复习一遍？"孙膑坦言："此书经先生讲解后，只让我看了三天，就收了回去，并无手本在此。"不过，庞涓却打听到了，孙膑能将全书背出，他开始暗暗想办法套出孙膑脑子里的兵书，然后除掉孙膑。

后来，庞涓便使计让魏王误以为孙膑要到齐国，为齐国效力。魏王唯恐孙膑为齐国所用后成为魏国的强敌，便要将他处死。庞涓惦记着孙膑的兵法，故做好人抱住了孙膑的性命，但向魏王献计将孙膑的两个膝盖骨用尖刀剜剔下，并在他脸上用黑墨刺上"私通敌国"四字，使孙膑成为不能行走的"废人"。然后，庞涓将孙膑接回府中，日夜殷勤照料，终于感动孙膑主动默写兵书给他。要不是有人走漏消息，孙膑还一直被蒙在鼓里。

知道内情后，孙膑痛心疾首，赶紧装疯，才逃过一劫，但扔被困在魏国，日日受到庞涓监视。后来，当初像魏王推荐孙膑的人，也是唯一知道孙膑是装风避祸的人墨翟，把孙膑的境遇告诉了齐国大将田忌，又讲述了孙膑的杰出才能。田忌把情况报告了齐威王，齐威王这才下令不惜一切代价救出孙膑，为齐国效力。于是，孙膑被田忌救到了齐国，这才逃出生天。

我讲这个故事，当然不是要告诉大家不要信任别人，而是要说，职场上对他人过度信任，与他人关系太过亲密，往往并非好事。一旦与某人关系过度亲密之后，就容易被不好意思心理控制，为一些事情的处理带来难度和障碍。比如说，关系亲密的同事经常请你帮他完成工作，你帮还是不帮？帮呢，自己本身已经很忙，而且也没有义务去承担别人的工作；不帮，则过不了不好意思这一关，总觉得心里有愧。再如，遇到竞争时，你是让还是不让？做出让步，势必令自己失去宝贵的机会，也许从此就改变了整个职场生涯的命运；不让，又觉得与关系如此亲密的进行竞争，既十分残酷，又不好意思，而你往往也会碍于情面束手束脚。可见，在职场上与人关系过度亲密，并不科学。

也许有人会说，那我跟谁都保持远远的关系，除了工作来往，不付出半点真情，总该安全了吧？这样一来，安全是安全了，可你与他人的距离也就太过疏远了，不利于正常的工作交流与协作，也会给上司和同事留下"孤僻""目中无人""不善于与人沟通"的坏印象。这样，又走到了另一个极端。

怎样的职场关系才是最好的？

亲也不行，疏也不好，那么，怎样的职场关系才是最好的呢？这时候，不妨信奉一下中庸之道，使自己与他人的关系亲疏有度。具体怎么做呢？

1. 亲和，但不亲密

一个具备亲和力的人，总是比较随和，少与人发生冲突，不论是上司还是同事，都愿意与之打交道，有时候还能成为团队的润滑剂。因此，这类人在职场上总是能够左右逢源，八面玲珑看，将职场关系处理得顺风顺水，自己也过度很愉快。

但亲和不代表亲密。亲和是态度和蔼，亲密则是与他人关系走得非常近，超过了正常的同事关系。这有什么害处呢？那就是会使你在处理工作的时候难免束手束脚，常常碍于情面无法采取客观公正的态度，甚至会让自己陷入被动局面。因为工作上存在竞争是在所难免的，即使是已经成为好朋友的两个人，在面临明显的利益冲突和竞争的时候，也常常会考虑自己的利益，使感情陷入僵局。况且，职场上的友谊因为有各种显性和隐形性利益冲突的干扰，太容易出现矛盾和裂痕，就算人的主观上有再好的希冀也难以避免而这种矛盾和裂痕，几乎没有人能够完全不将个人感情带到工作中来。与其从关系亲密走到破裂，不如从来就不亲密，反而不至于伤感情伤和气。

所以，你可以对所有人亲和，却不适宜与任何人太过亲密。记住，微笑不代表一定要掏心掏肺，"君子之交淡如水"，这才是职场关系最完美的状态。

2. 中立，但不疏离

职场中出现拉帮结派的现象简直太正常了，不同的人因为各自的利益差异，有的人走到了一起，形成一个小团体，与另一些利益团体形成相对的阵营。职场上拉帮结派的人大都信奉"1+1>2"的原理，认为与他人拧成一股绳总比自己孤军作战的要好。孰不知，拉帮结派是老板最不喜欢看到的现象，他需要的是员工为企业尽自己的所有能力，而不是在他的团队中争权夺利。而处在某个团体中的人，也未必真的好处大于坏处，当遇到团体利益与你个人利益相冲突的时候，如果你不牺牲个人利益来成全团体利益，一定会遭到整个团体的责怪与孤立。

假如你只是想单纯轻松地上班，发挥出自己的最大潜能，还是不要与人拉帮结派的好，对于身边那些竞争，不管是利益团体的竞争，还是某两个人之间的竞争，也都不要参与，保持中立就好。

不过，保持中立并不是要你与所有人都相隔十万八千里，从来不与人说话，好像不食人间烟火的神仙，这样是无法与被人进行工作协作的。

其实，只要就事论事，除了工作尽量少谈其他的事，也不要评论某个人的是非，更不要帮助某个人去"对付"另一个人，就是中立而不疏离了。

3. 远离隐私

亲疏有度，还要求我们做到保留自己的隐私。很多人喜欢在工作期间聊天，东扯西拉地就聊到了家长里短的内容，于是顺势就哗啦啦地开始往外倒自己的隐私，该说的不该说的，一股脑倾泻给别人。

这时候，你可能会认为，你说的都是生活中的事，而同事并不认识你生活中的那些人，没有泄密的危险，你说的话题也不是什么机密内容。但你不知道的是，一个人的隐私也会影响别人对他的印象，更别提有朝一日有人会拿着你的隐私到处宣传，令你颜面扫地、无处可藏了。更糟糕的情况是，你的隐私还可能成为竞争对手打击你的有力武器，令你愤怒而无计可施。

所以，平时聊天谈论的时候，最好不要过度涉及隐私问题，即使别人主动提起他自己的隐私，也不要兴致昂扬地打听和挖掘，而是要尽快岔开话题，拒绝听别人的隐私。因为一旦对方的隐私成为职场中传扬的话题，他首先怀疑的一定是你，到时候你就百口莫辩了。

"君子之交淡如水"，这是前人用经验传承给我们的古训，在职场中处理人际关系时，要时时记得并理智运用，不要等到摔跤了才想起。